汇添富基金·世界资本经典译丛

金融科技策略

(FinTech Strategy:
Linking Entrepreneurship, Finance,
and Technology)

帕维尔·雷耶斯-梅尔卡多　著
(Pável Reyes-Mercado)

任瑞柳　译

上海财经大学出版社

图书在版编目(CIP)数据

金融科技策略/(墨)帕维尔·雷耶斯-梅尔卡多著;任瑞柳译.—上海:上海财经大学出版社,2023.10
(汇添富·世界资本经典译丛)
书名原文:FinTech Strategy:Linking Entrepreneurship,Finance,and Technology
ISBN 978-7-5642-4209-1/F.4209

Ⅰ.①金… Ⅱ.①帕… ②任… Ⅲ.①金融-科学技术 Ⅳ.①F830

中国国家版本馆 CIP 数据核字(2023)第 122365 号

□ 责任编辑　朱晓凤
□ 封面设计　南房间

金融科技策略

帕维尔·雷耶斯-梅尔卡多　著
(Pável Reyes-Mercado)

任瑞柳　译

上海财经大学出版社出版发行
(上海市中山北一路 369 号　邮编 200083)
网　　址:http://www.sufep.com
电子邮箱:webmaster@sufep.com
全国新华书店经销
上海叶大印务发展有限公司印刷装订
2023 年 10 月第 1 版　2023 年 10 月第 1 次印刷

787mm×1092mm　1/16　10.75 印张(插页:2)　175 千字
定价:56.00 元

图字:09-2023-0855 号

First published in English under the title

FinTech Strategy:Linking Entrepreneurship,Finance,and Technology

by Pável Reyes-Mercado

Copyright © Pável Reyes-Mercado,2021

This edition has been translated and published under licence from Springer Nature Switzerland AG.

Springer Nature Switzerland AG takes no responsibility and shall not be made liable for the accuracy of the translation.

All Rights Reserved.

CHINESE SIMPLIFIED language edition published by SHANGHAI UNIVERSITY OF FINANCE AND ECONOMICS PRESS,copyright © 2023.

2023 年中文版专有出版权属上海财经大学出版社

版权所有　翻版必究

总　序

　　书犹药也,善读之可以医愚。投资行业从不乏聪敏之人,但是增智开慧乃至明心见性才是成长为优秀投资人的不二法门,读书无疑是学习提升的最佳方式。

　　常有人说投资是终身职业,但我认为投资更需要终身学习。很多人投资入门多年,依然不得其道;终日逡巡于"牛拉车不动,是打车还是打牛"的困境,不得要领。从业多年,我接触过太多这样的投资人士,个中缘由不尽相同,但有一点却非常普遍:或是长期疏于学习,或是踏入"学而不思则罔"的陷阱。

　　我认为,学习大致有三个层次,亦是三重境界:

　　第一重是增加知识,拓展基础的能力圈。着眼点是扩大个人对于客观世界的认知积累,这是大多数人的学习常态,这一重固然重要却不是学习的本质。

　　第二重是提高逻辑,改进个人的认知框架。达到这一境界,已经可以将刻板知识灵活运用,但仍然仅可解释过去却无法指向未来。

　　第三重是强化洞见,思考从个人出发,无视繁复的信息噪声干扰,穿透过去、现在和未来,最终开始正确地指导现实世界。在这一境界,学习已不只是追求知识,更是追求"知识的知识"。这是无数积累之后的茅塞顿开,更是质量互变之际的醍醐灌顶,不断思考感悟尤为重要。

　　书籍浩如烟海,书中智慧灿若繁星,而若能由自己抽丝剥茧得到"知识的知识",将会终身受益。二十多年前,我还是一名上海财经大学的普通学生,对投资有着浓厚的兴趣,可惜国内的投资业刚刚起步,相关资料远没有今天互联网时代这样发达,此时财大的图书馆像是一个巨大的宝库,收藏着大量有关投资的英文原版书籍。我一头扎进了书丛,如饥似渴地阅读了许多经典,通过这一扇扇大门,我对西方资本市场发展窥斑见豹,其中提炼出的有关投资理念、流程、方法的内容潜移默化地影响并塑造了日后的我。时至今日,常有关心汇添富的朋友问起,为什么根植于国内市场的汇添富,投资原则和方法与外资机构如此类似?我想多少应该与我当年的这段经历有关。

今天,我依然非常感恩这段时光,也深深地明白:那些看过的书、走过的路对一个人的人生轨迹会产生多大的影响,特别是在以人才为核心的基金投资行业。今年恰逢中国基金行业二十周年,二十年斗转星移,正是各路英杰风雨兼程、夙兴夜寐才有了今天的局面,汇添富基金是见证者,也有幸参与其中。这些年,我总试图在汇添富重现当年我学生时的氛围,鼓励同事们有空多读书、读好书、好读书。在此,奉上"汇添富基金·世界资本经典译丛"以飨读者,希望大家能够如当年懵懂的我一般幸运:无论外界如何变化,我们都可以不断提升进化自己。

是以为序。

张　晖

汇添富基金管理股份有限公司总经理

2018年12月

前　言

　　金融科技是一个新名词,代表了全球金融业竞争动态的深刻变化。从2008年金融危机开始,监管机构加强了对大型金融机构的行为和影响的关注,受到影响的对象包括整体经济、诸多行业以及有金融需求的消费者。因此,金融行业发现有必要自我整顿,以遵循监管要求,降低深度系统性危机的风险,并更好地服务于数亿人的需求。考虑到金融行业的传统局限性,金融科技生态系统是一种创新产物,它不仅改变了金融产品和金融服务的交付方式,也改变了金融行业竞争格局以及众多利益相关者之间的关系。

　　因此,仅仅从金融行业的角度保持业务重点是不够的。过去二十年的技术变革创造了崭新的金融服务产品,同时产生了适应消费者需求的创新商业模式,这些模式背离了大型银行和其他金融机构的传统。大数据、人工智能和数字平台等新技术已经成为金融科技行业在美国等发达国家以及如中国和非洲等发展中国家和地区迅速扩大规模的基础。技术使得大部分人不需要进入实体网点进行金融交易,而是通过移动设备来进行金融交易。除了技术提供的可及性,客户交易数据也成为可维持这些创新金融产品竞争优势的因素,新技术带来了全新的信息分析方式,即定制产品设计的流程再造。

　　在谈论金融行业时,人们往往会忽视企业家精神。由于金融市场已经完全被长寿的大公司占据,几乎没有可供进入和占据市场份额的空间。一大批新兴的初创金融科技公司于是开始为之前无法进入的金融细分市场设计产品和服务。无论这些公司创新的特点是增量创新还是颠覆性创新,它们的商业模式与大公司的管理方式都大相径庭，它们大多是寻找商业机会成为指导管理和创业营销的基本焦点。敏捷的创新方法使这些新玩家能够用少量现金和单一产品在很短的时间内进入市场，并达到前所未有的规模。金融科技行业新秀的发展不再遵循长期线性模型，而是保持创新的快速迭代周期，承担市场风险，并倾向于使用触手可及的资源，甚至与竞争对手建立联盟，一切措施都是为了实现业务目标。

鉴于上述问题，为了使金融行业的商业战略随着时间的推移实现可持续的竞争优势，本书通过对金融、技术和企业家精神的综合分析，采用金融科技现象的多维视角，将这些宏观的维度融合起来，来理解全球金融业的新兴领域。一方面，金融业的竞争环境发生了很大变化。尽管市场力量仍由大公司掌握，但它们不得不改变战略重点，将金融科技公司视为盟友和关键资源的提供者。同样，在确定有吸引力的市场，推广其产品和服务时，新兴的金融科技公司也会要求与大公司结盟，而不是保持纯粹的竞争关系，因为在这种竞争中，它们很容易被大公司取代。资源的互补性成为各公司在金融科技环境中成长的关键。一个强有力且创新的方法、高效的管理制度以及创业式的试错方法是金融科技思维模式的组成部分。

在这种商业环境下，本书旨在为金融科技的发展提供全面的战略路线图，从构思将它们转化为金融科技产品的想法开始，再到进入行业并与大型玩家竞争，提供在数字领域可扩展的产品和服务。本书认为在金融前景不明朗、产品处于最低可行阶段、消费者仍有待开发的时期，金融科技的战略方法是有作用的。它不仅可以用来吸引消费者，还能够用来在金融市场上建立新的缺口，虽然其高度商品化的金融产品可能无法满足消费者，有时还会激怒消费者。该书还以行为经济学的理论论述了与金融产品有直接关系的消费者行为。它偏离了新古典主义的理论，把分析的重点放在消费者参与金融决策时出现的偏见和启发上。还有一个有关金融科技的需要分析的有趣问题是，财力相对较弱的新兴企业如何能够与大银行和金融机构竞争。为了总结经验和教训，本书讨论了当前金融科技企业制定的新商业模式的准入、竞争和增长战略，诸如合作、竞争和合并等战略决策也在讨论之中。通过监控高数据量环境中的策略性能，定义实时转换指标，并测量客户生命周期价值和客户购买成本等关键维度。金融科技的战略实施需要诸多利益相关方的参与，而数字领域则使他们的参与成为可能。这一视角开启了对金融科技与金融普惠、数字鸿沟、联合国可持续发展目标相关的广泛社会成果的讨论,以及对金融科技行业未来的展望。

　　本书的主要特点:首先基于最新的文献进行讨论;其次提供管理上可操作的框架,使读者能够识别业务问题并给读者提供替代的行动路径;最后探索金融科技的典型案例,说明这种框架如何使用。本书的第一部分向读者介绍了基本的维度,这些维度是理解金融科技作为一个与传统银行和金融行业有质的不同的行业的基础。本书的第二部分讨论当进入传统上由掌控巨大资源的大公司主导的行业时,需要考虑的关键方面,因为这些大公司可以轻松击败小型竞争对手。本书的第三部分提供了规划和实施营销策略的分析框架。本书的第四部分讨论了与金融科技相关的更广泛的社会问题,并概述了这个不断发展的行业的前景。

　　第1章详细介绍了近年来金融科技作为一个新兴产业的发展趋势,它不仅在发达国家,而且在发展中国家也不同于传统的银行业和金融业。第2章深入探讨了一些使金融科技领域中的新业务得以发展的技术。如最新的由技术进步产生的配置,用于实现可持续的竞争优势,可作为有价值资源的案例。第3章讨论了适合金融科技行业的创新策略。这些方法是从实践的角度进行讨论的,因此管理者们在有颠覆性创新时可以获得优势。金融科技和宽广的金融行业的格局展示了小规模新玩家如何进入市场并获得收益。作者详细讨论了在金融科技中发展联盟的策略,例如与大型金融机构的竞争、协同或合作,并举例说明如何组织适合金融科技企业的战略框架。消费者对不同类别产品的消费行为不同,这在设计金融产品时尤其要重视。第5章讨论了消费者在储蓄、信贷、投资和购买保险产品方面的行为。本章中有一节专门用来理解"非理性"行为和决策偏差,这些行为和偏差已经用行为经济学的观点进行了识别和分析。同时,作者构造了一个实用的框架,以设置简单和成本有效的行为实验,通过互联网进行加强。第6章关注特定的无账户者(unbanked)、缺乏银行服务者(underbanked)和有账户者细分市场的需求,特别关注以数字素养、消费者困惑和复杂性作为解释新技术和金融应用的核心变量。第7章讨论了金融科技如何不同于其他产品和行业,以及如何帮助公司在大公司品牌认知度高,但新公司品牌影响和认知度低的背景下,实现可持续的竞争优势。这与传统的基于因果关系的战略制定管理方法不同。第8章详细讨论了有效的战略方法,该方法从适应而不是采用综合业务计划的假设出发,以灵活性和弹性作为有效方法的核心特征,用于控制业务结果。第 9 章从控制和度量的角度讨论了如何对金融科技风险公司业绩进行衡量。由于金融科技涉及数字产品，它们能够通过在计算机上或在移动设备上的任何一次点击来产生数据。因此有越来越多的可用数据支持实时分析技术，用于衡量产品和公司业绩的关键维度，如认知度、兴趣和购买。这种衡量不仅有助于预测企业的业绩，也有助于证明企业能够为利益相关者带来一定收益。一个成功的企业能够通过吸引资金以保持增长。为了阐述金融科技的社会成果，第 10 章讨论了金融科技行业更广泛的社会影响，如金融包容性、联合国发展目标、对减贫的贡献和保障妇女权益，金融和数字鸿沟等挑战也得到了解决。第 11 章使用装配理论详述了一种可行的基于设计的前瞻性技术的步骤，以构建金融科技的未来场景。

帕维尔·雷耶斯-梅尔卡多（Pável Reyes-Mercado）
墨西哥托卢卡
2021 年 4 月

致　谢

本书是从我在墨西哥阿纳瓦克大学（Anáhuac University Mexico）和厄瓜多尔圣弗朗西斯科德基多大学（Universidad de San Francisco de Quito，Ecuador）的金融服务营销课程中进行的有趣而发人深省的讨论中提炼出来的。我要感谢我以前所有的学生，他们向我分享了本书中涉及的许多想法。我还要感谢我的院长阿尔弗雷多·纳瓦·戈韦拉（Alfredo Nava Govela）和墨西哥阿纳瓦克大学的所有权威人士，他们相信并支持我的学术研究，将其作为推动国家发展的途径。我与阿尔贝托·博尔博拉博士（Alberto Borbolla）对本书中提出的创业理念进行了长时间的讨论，我感谢他使用敏锐的观察丰富了本书。此外，我感谢在写作过程中支持我的同事和朋友，我无法一一道出他们的姓名，因为我担心有所遗漏。最后，我要感谢纽约帕尔格雷夫·麦克米伦（Palgrave Macmillan）学术业务部门的责任编辑马库斯·巴林格（Marcus Ballenger），感谢他在新冠疫情带来的个人和职业挑战中如此耐心地等待本书完成。

缩略语

AML	反洗钱
API	应用程序接口
ATM	自动取款机
BaaS	银行即服务
CAC	获客成本
CLV	客户终身价值
DaaS	数据即服务
DOI	创新扩散
GRP	总收视率
ICT	信息通信技术
ISO	国际标准化组织
KYC	了解你的客户
MVP	最少化可行产品
NFC	近场通信
P2P	对等网络
RBV	资源基础观
RFM	近因—频率—货币
ROSCAS	轮换储蓄和信贷协会
SaaS	软件即服务
SCA	可持续竞争优势
SME	中小企业
SMS	短消息服务
TAM	技术接受模型
VRIO	价值、稀缺性、可模仿性和组织

目 录

第一部分 金融—创业 创新—技术大融合

1 金融科技是如何诞生的? /1
  1.1 金融科技中的"金融":近期金融行业的演变/1
  1.2 金融科技中的"科技":互联网和数据革命/6
  1.3 进取型企业家的扩增/7
  1.4 金融科技生态系统/8
  1.5 金融科技产品线/10
  1.6 结论/12
  参考文献/12

2 科技是金融科技的资源/14
  2.1 公司的资源基础观/14
  2.2 动态能力/17
  2.3 结果:可持续竞争优势/19
  2.4 金融科技资源与能力连接的案例研究/21
  2.5 技术调研/22
  2.6 结论/24
  参考文献/25

3 金融科技行业的企业家精神/27

3.1 还有能够创新的内容吗？/27

3.2 创新分类学/28

3.3 创新管理方法/31

3.4 开放式创新模式/35

3.5 创业创新/40

3.6 缩放和退出值/42

3.7 结论/44

参考文献/44

第二部分 探索和利用金融科技的机遇

4 金融科技和金融业的动态/49

4.1 金融业/49

4.2 传统动态：现有企业/50

4.3 变化的动态：新的金融科技参与者/50

4.4 金融科技进入战略/52

4.5 竞争性反应/55

4.6 金融科技联盟作为增长战略时需要考虑的因素/57

4.7 金融科技联盟机会评估框架/59

4.8 结论/62

参考文献/62

5 金融消费者行为和决策/65

5.1 消费者目标/65

5.2 自我效能与自我控制/66

5.3 金融教育的作用/67

5.4 前景理论/68

5.5 启发式策略/72

5.6 认知偏差和目标/73

5.7 信任/74

5.8 技术采用/75

5.9 风险和信任/77

5.10 如何理解金融科技的消费者行为/79

5.11 结论/81

参考文献/81

6 金融科技市场的消费者细分/85

6.1 消费者细分和市场定位/85

6.2 了解消费者群体的模型和框架/86

6.3 集群技术/88

6.4 基于价值的细分/91

6.5 通过客户生命周期价值细分/94

6.6 金融科技细分的战略框架/94

6.7 结论/96

参考文献/97

7 差异化与可持续竞争优势/99

7.1 金融科技公司的属性：有所作为的产品/99

7.2 网络效应/102

7.3 可持续竞争优势的来源/104

7.4 结论/106

参考文献/106

8 手段导向作为一种战略方法/107

8.1 金融科技的管理差异/107

8.2 大型公司的因果方法/107

8.3 金融行业中金融科技的现状/109

8.4 金融科技创业的手段导向/110

8.5 创业营销/114

8.6 一个兼容性的框架/116

8.7 结论/118

参考文献/118

9 衡量风险绩效/121

9.1 营销指标的重要性/121

9.2 战略营销流程/122

9.3 营销流程的指标体系/124

9.4 建立指标系统,跟踪业务目标/128

9.5 结论/130

参考文献/130

第三部分 金融科技的广泛影响

10 金融科技的社会影响/133

10.1 金融业的变化/133

10.2 金融科技的社会影响/134

10.3 未决挑战/137

10.4 金融科技领域的道德规范/141

10.5 结论/142

参考文献/143

11 下一步是什么:打造金融科技未来/146

11.1 回顾和展望/146

11.2 金融科技行业的趋势识别/147

11.3 展望金融科技发展的集合框架/148

11.4 组装金融科技未来的集合框架/150

11.5 结论/154

参考文献/154

第一部分

金融—创业 创新—科技大融合

1 金融科技是如何诞生的？

1.1 金融科技中的"金融"：近期金融行业的演变

银行诞生于古代希腊的长椅上，在那里，商人和新生的"银行家"常常向前往其他城市的商人提供货币兑换和贷款服务，以便商人能够完成商业贸易。正是在这些位于公共市场的长椅上，那些早期的"银行家们开创了一个持续了2 000多年的完整行业"（Alponte，2007）。随着时间的推移，银行家们开始正式确定他们发放贷款的方式，他们规定了明确的条款和利率，并在中世纪经历了发展的关键时刻。起初，银行家被认为是高利贷者，因为根据天主教的解释，"时间是由上帝掌管的"。显然在当时，中介职能是一项高风险的职能。如果出借人想要收回他们的钱，而银行家还没有收到足够的钱来偿还，这就完全是银行家的责任，出借人可能会把他送进监狱。

随着银行业的制度化，利率成为金融范式，货币乘数的概念改变了之前的范式，它使银行家能够以可用货币的5倍、10倍或更多倍来放贷。由此，出借人获得了前所未有的资金来源，但如果他们决定立即收回资金，银行家将无法偿还所有资金，这将导致银行破产，也即所谓的"破碎的长椅"（Zaid，2009）。这种新的范式依赖信任和信赖作为成功进行货币交易的前提。具体来说，消费者对银行和政府等机构的信任变得至关重要,使人们认识到银行不会利用服务消费者的机会大肆攫取利益,而消费者不会逃避到期付款的责任。

时间推进到20世纪,布雷顿森林体系的通过为银行业务从使用手工服务交付流程系统快速发展为日益复杂和互联的社会技术系统铺平了道路。从20世纪70年代开始,第二次世界大战后开发的技术为实时进行金融交易开辟了道路。但许多国家的金融机构数量仍然很少,因为那时允许的寡头垄断的决策损害了消费者权益和社会福祉。直到第一张信用卡发行,第一台自动取款机安装,电话线赋能电子销售点的运作。目前,使用连接到互联网的智能手机可以实时检查账户余额、转账、买卖资产,这已是稀松平常的了,银行业务已经无处不在。诸如亚洲流行的小额贷款产品就成为将新的细分市场纳入该行业的一种渠道。现代金融产品成为代表借贷、资产管理和资产保险协议的法律合同。

这种金融体系经历了周期性危机。美国的大萧条始于1929年,至少持续了十年,由于消费者对银行缺乏信心导致投资和消费减少,同时严格的金本位制度导致货币供应不足,加剧了这一问题。2000年,对新互联网技术公司的高投机性投资,导致纳斯达克指数在2000年初达到400%的增长率,开始出现互联网泡沫。面对科技初创企业的高营销支出和越来越高的盈利预期,艾伦·格林斯潘(Alan Greenspan)创造了"理性繁荣"这一概念(美联储,1996),这是科技股市场可能被高估的信号。随之而来的利率上升、安然金融丑闻、微软垄断案以及"9·11"恐怖主义事件使科技股市场总市值从2000年3月的6.7万亿美元下跌至2002年10月的1.6万亿美元(Gaithe and Chmielevsky, 2006)。

由于次级抵押贷款的违约率大幅飙升,2008年的金融危机开始于美国。美国抵押贷款机构房利美(Fannie Mae)和房地美(Freddie Mac)的贷款担保不足以偿还住房抵押贷款。无力偿还贷款的家庭违约率较高,导致支持此类抵押贷款的证券价格下降,银行现金告罄。随着价值资产的减少,银行经历了流动性危机。美国政府在实施财政和货币激励的同时,还推出了大规模的救助计划,这是在新冠疫情之前美国最大规模的救助计划。随后,金融危机蔓延至欧洲,各国央行也实施了救助计划。这场危机的产生归因于对风险的不正确估值,以及对银行金融业务的证券工具缺乏监管。我们从这场危机中吸取的教训至少有三个。第一,人们需要认识到,银行系统已经成为一个金融创新网络,能够找到方法规避监管部门对创新型金融产品的限制,因此在无人监管的机构之间转移余额成为主流。第二,"大而不能倒"标志着这些公司一旦发生危机,它们必须被救助,因为不这样做将对整个经济体系造成严重损害(Bernanke,2010)。第三,人们承认,金融体系实际上是一个复杂的网络,由缺乏稳定性的各类公司组成。这两种主要机制可能导致整个系统经历不稳定的模式。第一种是市场一体化,即金融业参与者之间的互通。第二种是多元化,指的是所有参与者执行的合同数量。当银行在不考虑对手进一步活动的情况下进行合约交易时,它们就成为放大金融冲击影响的合约网络的一部分。此外,通过分散投资,银行增加了对其他参与者的风险敞口,尽管杠杆率保持不变(Bardoscia et al.,2017)。这些风险随着银行规模的增加而不成比例地扩增,并通过流动性囤积、资产价格和信贷风险管理的违约传递而蔓延。此外,当人们普遍缺乏信心时,整个系统甚至可能崩溃(Arinaminpathy,et al.,2012)。之前的所有危机[1]催生了越发严格的金融监管,具有少量变化和竞争优势的高度商品化的产品,以及对银行缺乏信任,对整个金融行业缺乏信心。2008年金融危机的最终影响就是颁布了严格的金融监管规定。特别是透明度、估值和评估分类、风险和流动性管理以及外部评级过程的重新评估等侧重于避免系统性金融危机的政策(Ackermann,2008)。

  金融科技与金融行业的运作方式截然不同,理由有三点。第一,金融业在贷款、借款、投资和保险方面已经达到了高度复杂的程度。上述服务已经存在了很长时间,相应的产品已经具备了监管机构和消费者所要求的属性。第二,尽管技术不断发展,使金融交易变得更加方便和容易,但从2008年开始发展的技术不仅能在产品、服务和流程上进行创新,更重要的是,公司现在还能够创新完整的商业模式。第三,越来越多的人通过创新产品和完整的商业模式创新来推动创业,来满足服务不足和银行不足的细分市场,这些人受到了企业家的关注,因为他们创办了许多朝着金融市场进军的初创企业。

---

  [1] 本书著成于2020年,新冠疫情带来的经济后果仍有待预测。目前仍有一些信息和数据可以推断世界许多地区即将到来的危机的程度。目前,德国实际上有750亿欧元的无上限救助计划(https://www.telegraph.co.uk/business/2020/03/23/germany-abandons-balanced-budgets/),美国则推出了一项针对中小企业、大公司和民众的1万亿美元救助计划(https://foreignpolicy.com/2020/03/17/trump-coronavirus-response-cashvpays-pay-roll-tax/),世界银行启动了一项14亿美元的救助计划(https://www.worldbank.org/en/news/press-release/2020/03/17/world-bank-group-increases-covid-19-response-to-14-billion-to-help-sustain-economies-protect-jobs)。因此,现在需要认真评估它们对银行和金融业以及整体经济活动的影响。

1.2　金融科技中的"科技"：互联网和数据革命

自90年代中期以来，网络连接协议的创建引发了互联网的快速发展，许多公司首次提供数字产品。随后的网络危机导致了很多公司消失，而存活下来的则演变成大型公司，开始主导市场。此外，互联网的普及使大量小企业得以发展，它们开始尝试不同类型的全数字化产品。除了电子书，音乐服务也开始成为不同行业的标准。此外，各类公司还通过数字渠道做广告，吸引客户，即公司既开始数字化它们的活动，同时又保持传统的商业模式。随着时间的推移，商业环境开始理解互联网是如何让新的业务部门实现互联互通的，以及如何以极低的边际成本快速扩展数字服务的交付。自此，互联网开始创新世界上许多行业的商业模式。因此，互联网的发展与基于接入和便利性的新商业模式的设计交织在一起。

从2000年开始，蜂窝电话的普及率开始大幅增长。设备和数据服务价格的下降使得许多发达国家和发展中国家的蜂窝电话普及率不断提高。随后，智能手机的出现则代表着消费电子产品的一次彻底飞跃，智能手机的普及使得更多的人能够通过通信网络相互联系。智能手机的诸多用途推动了移动应用的出现和发展，但直到2010年，金融机构才开始认识到移动设备是提供服务的额外渠道。移动数字服务交付开始成为之前无法获得金融服务的消费者的选择。自此之后，互联网和移动电话成为同等的技术，对商业保持着影响。它们支持基于速度、便利和无处不在的商业模式，使得实时交易开始变得普遍，同时也引起了人们对操作安全性和消费者数据隐私的关注。

互联网和通信网络都使数字平台作为互动手段的出现成为可能，这不仅促进了公司与客户之间的交流，也促进了客户与客户之间的交流。如社交网络的用户可以开始在没有公司中介的场景下分享各种信息，这将是设计点对点商业模式的基础。平台是数字场所，有助于满足不同的细分市场。例如，市场贷款平台是连接两个细分领域的金融消费者的金融科技公司。一方面，平台吸引了需要借款的消费者；另一方面，平台吸引了一部分有剩余资金且愿意贷款的消费者。该平台是连接两个细分市场的有效手段，使得上述消费者能够进行点对点贷款交易，并且该平台使用根据每笔交易收费或提佣的收入模式。在该平台中，消费者可以通过传统的评分信用审查或通过社交网络上的消费者声誉等创新手段进行风险度量。在市场贷款平台模型中，违约风险转移给了可能会亏损的个人投资者。

最后，之前的技术产生了大量的数据，需要用传统技术之外的手段来进行管理和分析。通过这种方式，人工智能和大数据分析工具成为处理结构化和非结构化数据（音频、视频、照片或文本）的选择。这使得金融科技公司能够处理由平台和通信网络的相同用户生成的数据，以识别客户消费模式，作为开发基于服务个性化的商业模式的基础，并预测客户的行为，更好地满足客户的财务需求。

总之，技术之所以成为一种资源，不是因为它们本身，而是因为它们以过去无法想象的方式传递价值。因此，金融科技中"科技"的战略角色是作为市场设计和创新产品的宝贵资源而存在的。

1.3　进取型企业家的扩增

最近，人们认为企业家精神可以成为国家价值和经济增长的来源。近年来，各国政府和国际机构一直在推动创业作为商业创新的一种方式。虽然创业有很多种类型，从生存型创业到高科技创业，但金融科技创业出现在缺乏金融监管的情况下，专注于金融行业的商业机会实验。这使得一系列金融科技产品的设计具有颠覆性的商业模式，并在很短的时间内开始挑战现有银行。与管理者不同，企业家的特点是承担风险，而不是回避风险，他们通过识别潜在的有利可图的商业机会，以及发展一种思维来摆脱传统的商业管理模式，即保持从规划、执行再到控制的线性方法。而对线性方法取而代之的是迭代方法，即通过反复试验，根据金融消费者的密切反馈来开发产品。这些金融科技企业家开始推广的商业模式背离了以利差为基本范式的正统金融模式。相反，金融科技的商业模式是基于金融消费者重视的属性，例如低佣金或便利因素，使消费者几乎可以随时随地进行交易，以及大量使用数字渠道来吸引、留存和支持服务。

许多金融科技初创企业天生就有强烈的定位，即服务于被传统银行业遗忘的领域。信贷、贷款和支付手段等产品是为无银行账户的人群开发的，这样一来，大量金融消费者被确定为新产品的潜在消费者。亚洲小额信贷的经验可以被视为金融科技探索的基本支柱之一，因为它表明，人们不需要大量资本注入企业,也不需要高度复杂的业务流程提供服务。金融科技初创公司最初的想法之一是提高金融包容性,产品设计面向从未使用过银行产品的细分市场人群。在非洲等地区,年轻消费者有可能通过他的移动智能手机定期进行交易,但永远不会知道实体银行在哪里。

新生产品服务于利基市场的特定需求。通过探索不同的商业机会,企业家们发现这些需求将被更广泛的细分市场所需要,这使得产品需求被重新设计。在一些市场,金融科技产品甚至开始挑战大型金融机构。上述情况引发了人们的担忧,即金融科技企业是否能够真的挑战大型金融机构并与之竞争,是否会取而代之,或者是否可能共存,为市场创造价值。金融科技产品的开发和市场进入时间更短,这得益于数字平台和通信网络的使用,这些平台和网络可以非常快速地扩展业务,从而在相对较短的时间内为大量用户提供服务。通过这种方式,许多金融科技初创公司成长为大型跨国公司,在全球许多市场开展业务。尽管它们继续表现出企业家的特征,但这些制度化的公司也开始与大型金融公司共享一些特征。

因此,金融、技术和企业家精神之间的融合使金融科技成为一个全新的行业,与传统金融行业有着明显的区别。尽管关于金融科技的一致定义并不存在,学术界和从业者的争论也比比皆是,但通过在前面讨论的交集领域开展工作,还是有可能构建具体的战略分析维度,从而为金融科技的企业家和管理者制定可操作的管理框架,这也是本书的重点。

1.4　金融科技生态系统

要了解金融科技行业的协作和竞争互动,就必须了解所有相互关联的参与者,它们构成了一个生态系统,参与者可以处在金融行业内部或外部。这导致了一种比金融行业更复杂的动态,即在金融行业中,金融消费者和传统金融机构(银行、保险公司或金融经纪人)实际上相互作用。我们可以确定金融科技生态系统的5种参与者:

小型金融科技初创公司。这些参与者是小型创业公司,专注于一两种金融科技产品,服务于大公司不感兴趣的细分市场,例如没有银行账户的人群。凭借创新的商业模式和摆脱传统战略思维的思维模式,这些小企业提供的产品可以被视为增量或颠覆性创新，这将在下一章中进行讨论。从财务角度来看，这些公司是通过一轮又一轮的风险投资来寻找有利可图的商业机会的。

传统金融公司。大公司仍然是全球金融业的核心。凭借市场力量和规模经济的优势，除了广泛的金融产品，这些传统金融公司还基于可接受的风险管理，服务众多细分市场。这些公司销售的产品从简单的储蓄账户到复杂的本地和国际投资产品，以及各种类型的保险和贷款。这使得他们不仅销售个体产品，还为不同的细分市场提供组合产品。鉴于这些公司的规模，它们的反应时间很慢，而且它们的创新能力是与低风险相关的增量变化。这些大型组织的营销方式是销售，而不是更好地为消费者或市场服务，他们通常依靠锁定效应和消费者惯性作为留住客户群的关键策略。

金融消费者。金融业的变化导致了金融消费者在面对金融机构时变得更加谨慎和不信任。在金融科技生态系统中，金融消费者是价值的中心。鉴于金融科技产品的创新性质，金融消费者对它们的反应各不相同。一方面，具有较高数字素养、中高社会经济阶层和接受新产品的年轻人是较早采用金融科技产品的金融消费者。另一方面，有大量的金融消费者没有很高的社会经济水平或数字素养，但也能接受帮助他们提高生活水平的新产品，无银行账户人口就是这种情况。例如，中国、印度和其他新兴经济体的农村人口就受益于金融科技产品，这得益于信息技术和电信的发展。

技术提供商。由于金融科技产品是在数字平台上开发的，并且具有最少的有形成分，因此它们依赖于信息、电信和海量数据管理等方面的技术。例如，手机提供商是金融科技生态系统中不可或缺的因素，因为使支付手段和资金转账成为可能的应用程序是专为在智能手机上运行而开发的。通过降低移动电话服务的成本，新的消费群体被赋予采用金融科技产品的权力。同样，软件开发人员使用敏捷的方法缩短创新金融科技产品的开发和上市时间。此外，开放的银行标准允许金融行业以外的其他玩家加入金融科技生态系统。最后，专门从事人工智能和大数据的公司提供了对大量数据分析的商业见解。

金融监管机构。2008年全球金融危机后，金融监管者的角色占据了金融行业的优先地位。对未来系统性金融危机的担忧，不仅会危及经济稳定，甚至还会影响一些国家的稳定，因此，维护经济与国家稳定一直是监管机构的重点政策。监管机构的行动速度和开发新的金融科技产品之间的相互作用导致了金融立法缺失，这对金融科技生态系统或许有利，或许不利。但它确实对金融生态系统的运作有影响，而不是对单个行为者有影响。数据隐私、金融欺诈或系统性危机的可能性等维度推动了不同监管机构的发展。

上述参与者相互间有复杂的交互作用，这种交互作用避开了通常控制传统金融行业的"供应商—消费者"动态。例如，当考虑金融科技产品的开发时，参与者之间的交互出现在不同的时间。金融科技公司分析市场和消费者，寻找可以服务的细分市场，并依靠技术，供应商设计移动应用程序，与其他金融实体交换数据。传统金融公司则可以将金融科技新产品评估为一种威胁，或者相反，将其作为一种渠道，为金融科技确定的新细分市场提供服务，然后建立商业联盟。金融监管机构可以分析新产品对消费者、生态系统和整个行业的风险影响。因此，金融科技企业家需要协调所有生态系统参与者的矛盾利益，以实现产品的推出。

1.5 金融科技产品线

考虑到金融科技产品的商业模式的构成要素，我们可以轻易地将它与传统的金融产品区分开来。其中一些要素代表了传统产品的渐进演变，而另一些则用新的价值主张代表了一种彻底的改变。除了考虑金融科技产品中嵌入的特定技术，更重要的是要思考产品如何为细分市场带来价值。金融科技生态系统中最重要的产品的特征将在下面进行讨论。

1.5.1 支付

支付产品经历了很大程度的演变，因为它奠定了开发其他金融和金融科技产品的基础。金融消费者使用支付方式来满足他们的众多金融需求，金融科技初创公司提供了完全数字化和移动化的价值主张，具有一定的便利性，使随时随地的实时交易成为可能。支付是移动金融应用程序的一部分，也是电子商务和视频游戏应用程序的一部分，在进行产品购买和销售交易时可以消除摩擦。金融转账可以采取消费者对公司、消费者对消费者、公司对公司的支付形式，以及不需要通过清算机构的国际转账。通过提供交易安全和数据隐私，金融科技公司使支付成为整个金融科技产品线中最广泛的产品，并有助于公司非常高效地获得客户。收入模型是基于成功的金融交易的低佣金。

1.5.2 众贷

众贷产品指的是这样一个事实，即不仅传统金融机构可以贷款，而且金融科技生态系统的存在也让每个人都成了贷款者。通过这种方式，需要贷款的人可以借助点对点计划，通过许多低价值贷款积累资金总额，这些贷款被整合在数字平台上并发给申请人。众贷产品起源于众筹，希望开发经济、社会甚至文化项目的人可以前往数字平台，从对特定项目感兴趣的人那里筹集资金。这种类型的融资超越了银行贷款的传统边界，银行贷款基于风险分析，以一定的利率提供贷款，而众贷甚至可以采取奖励、债务或纯捐赠的形式进行融资。通过这种方式，金融科技初创公司的收入模式脱离了传统利率的限制，加入了其他形式的价值获取，比如每笔交易的佣金、成功融资或认购模式。除了点对点模式，众贷还可以成为中小型公司的融资来源。对某些类型的行业、产品或公司感兴趣的投资者可以通过平台计划来实现资助，在该模式中，个人借款人可以提供少量资金。该平台以贷款的形式积累资金，并将其交付给中小型公司。鉴于贷款金额很小，这种模式可能会与小额信贷计划相混淆，后者也是基于低价值贷款的分配。然而两者不同的是，众贷从许多人那里筹集资金来产生一笔贷款，而小额贷款通常来源于一家金融机构，并被分配给一群人。

1.5.3 投资

金融科技投资产品降低了资本市场的进入壁垒，因为通过数字平台可以降低投资者的最低投资金额。过去资本市场通常只为具有高度复杂性和知识的金融消费者留存，而通过金融科技投资产品，资本市场现在向大量新消费者开放，他们可以投资本地或国际的资产。金融科技公司的收入来源不再来自中介费，而是来自资产招标过程中的费率差异。这种模式为金融消费者中不熟悉资本市场的人群提供了便利和低价的可能。此外，为不熟悉资本市场的客户提供金融咨询的角色从银行经纪人转变为虚拟代理，甚至金融投资推荐也由虚拟代理提供，这些虚拟代理提供基于人工智能分析的金融建议。因此，所谓的智能投顾就成了获取和留存客户的一个策略。

1.5.4 保险

传统保险产品通常基于精算风险分析来确定价格和风险溢价。而金融科技保险产品则改变重点,通过手机内置的传感器识别新的风险点,比如超速或开车时使用手机,就有可能根据客户的驾驶模式而建立新的价格形式。这一价值主张采取按使用方式付费的方案,为方便消费者使用和降低价格提供了可能。这些产品通常能够吸引金融消费者中的"尝新者",改变了金融科技公司的收入动态,因为收入不再是固定费用,而是可变的。

1.5.5 监管

金融监管机构对系统性危机的担忧,促使他们开发了一些平台,在这些平台上,金融科技产品可以在上市前得到评估和分析。为了实现这一点,有必要将金融科技产品嵌入其中的数字平台与专门用于以受控方式测试产品和消费者不同行为的平台联系起来。这促使了沙盘的开发,在沙盘中,金融科技企业家和监管机构通过预先商定的测试协议密切互动。这些平台必须协调企业家对上市时间的需求和对新产品可能带来的一些金融风险的顾虑。

1.6 结 论

本章介绍了在整个金融行业中赋予金融科技领域生命的基本参与者、流程和复杂的交互作用。通过了解金融科技与传统金融行业的明显不同,管理者们可以更好地准备在这个新的生态系统中进行竞争和合作,这个生态系统在企业家思维、利用技术实现价值以及不断发展的金融科技产品系列方面具有显著的特征,在可预见的未来,这些产品将继续塑造金融行业。金融科技的互动超越了传统的供应商和消费者的二元关系,管理者需要通过将管理框架应用于决策来从这一复杂的现实中推测行业前景。总之,金融科技提供了一个关于数字经济如何在管理和创业层面运行的有趣的例子。

参考文献

Ackermann, J. (2008). The subprime crisis and its consequences. *Journal of Financial Stability*, 4(4), 329—337.

Alponte, J. M. (2007). *The debate on the Mexican bank: Mexico and the world*. Opinion. https://archivo.eluniversal.com.mx/columnas/64178.html. Accessed on April 21,

2020.

Arinaminpathy, N., Kapadia, S., & May, R. M. (2012). Size and complexity in model financial systems. *Proceedings of the National Academy of Sciences*, 109(45), 18338—18343.

Bardoscia, M., Battiston, S., Caccioli, F., & Caldarelli, G. (2017). Pathways towards instability in financial networks. *Nature Communications*, 8, 14416.

Bernanke, B. S. (2010). *Causes of the recent financial and economic crisis*. Federal Reserve. https://www.federalreserve.gov/newsevents/testimony/bernanke20100902a.htm. Accessed on April 21, 2020.

Federal Reserve. (1996). *Remarks by chairman Alan Greenspan*. At the annual dinner and Francis Beyer lecture of The American Enterprise Institute for Public Policy Research. Washington, DC. https://www.federalreserve.gov/boarddocs/speeches/1996/19961205.htm. Accessed on April 21, 2020.

Gaither, C., & Chmielevsky, D. C. (2006). Fears of dot-com crash, version 2.0. *Los Angeles Times*. https://www.latimes.com/archives/la-xpm-2006-jul16-fi-overheat16-story.html. Accessed on April 21, 2020.

Zaid, G. (2009). *The broken bench*. Free Letters. https://www.letraslibres.com/mexico-espana/la-banca-rota. Accessed on April 2, 2020.

2 科技是金融科技的资源

2.1 公司的资源基础观

在管理和创业中一个永恒的问题是如何分配资源,帮助公司达成更高的业绩。有助于回答这个问题的重要而持久的模型之一是公司的资源基础观(Wernerfelt,1984,2014)。这种基于经济学的模型自20世纪90年代以来在战略、营销和经济学领域一直很流行。资源基础观认为,资源和产品可以是不同的盈利来源。具体来说,资源可以是在给定时刻与公司相关的任何有形或无形资产。专利、品牌、资本的获取、知识管理都可以被视为资产。更重要的是,拥有资产的目的是使公司达成更高的业绩。根据资源基础观,共有三种类型的资源。第一类是公司获得先发优势。当一家公司持有一项关键资产,并且该公司与其他公司相比保持相对较高的地位时,就会出现这种情况。除资源优势之外,如果还存在资源障碍,那么这类公司将能够更好地享受这种优势。也就是说,如果其他公司也可以获得和利用类似的资产,它就会失去价值。没有资源进入壁垒,它的优势便丧失了。第二类是指公司可以在内部开发有吸引力的资源。随着这些资产的产生,资源壁垒加强了,但企业仍需要谨慎评估其他没有参与类似资产竞争的对手的策略。否则,市场上的许多玩家可以获得资源优势。知识、经验、组织实践和客户忠诚度可以被视为有吸引力的资源。最后,第三类资源是指缺乏开发能力的内部资源。在这种情况下,兼并和收购服务于企业之间交换资源的目的。参与这种交换的前提是资源的互补性,一家公司的目标是获得更多自身已经拥有的相同资源,并寻找补充特定资源的方法。管理资源的方式取决于公司所处的市场结构。在一个竞争不够激烈的垄断市场中,资源使用者的利润会更高。但是在竞争更激烈和更容易表现出替代效应的市场中,资源持有者从开发资源中获得的利润可能很低(Wernerfelt,1984)。

资源基础观的延伸,是对于资源性质的阐述(Barney,1991)。其中的核心特征是资源同质性。如果企业拥有同质资源,那么它们将在企业间平均分配,它们对公司业绩的影响是微不足道的。因此,人们将认为资源是异质的,每个公司具有一系列不同的属性,促使它们制定不同的商业战略。另一个特点是资源的流动性。为了从开发资源中获得利益,它们需要表现出一定程度的固定性,也就是说,它们很难将自己的资源提供给竞争对手。因此,为了给公司提供利益,资源需要高度的异质性和固定性。

为了与先前的资源属性维度一致,我们将引入具体的表述(Barney,1991):

1. 有价值。如果资源有助于公司利用商业机会或减轻威胁,它们就是有价值的。由于公司可以拥有大量的资源,其中一些可能不会在取得优势方面发挥作用。

2. 稀有。如果所有的公司都有资源,它们便会实施类似的策略。但当资源稀缺,仅有少数公司能够获得时,它们可以实施有差异的战略,其结果将偏离边际点。即使某种资源对于某些玩家可用,公司也能获得优势。

3. 无法完全复制。资源可以是有价值的,也可以是稀有的。然而,它们也需要对未持有资源的公司保持不可获得的状态。公司在发展历史中产生的资源,具有社会复杂性(例如公司的关系网,涉及合伙人、经理、客户和其他利益相关者),与公司优势之间联系不清晰的资源通常是不可完全复制的。

4. 替代性。公司为了达成更好的业绩表现,无须获得同等的有价值的稀有资源。

5. 组织。企业利用具有前述特征的资源实施战略,从而获得价值。协调和支持实施这些战略的政策和程序,也包括使企业获得优势的组织因素(Barney & Clark,2007)。

价值、稀缺性、可模仿性和组织(VRIO)框架(Barney & Clark,2007)总结了图2—1所示的资源的特征,其中可替代性为先前的特征所吸收,并且也包括组织因素以描述战略实施的作用。

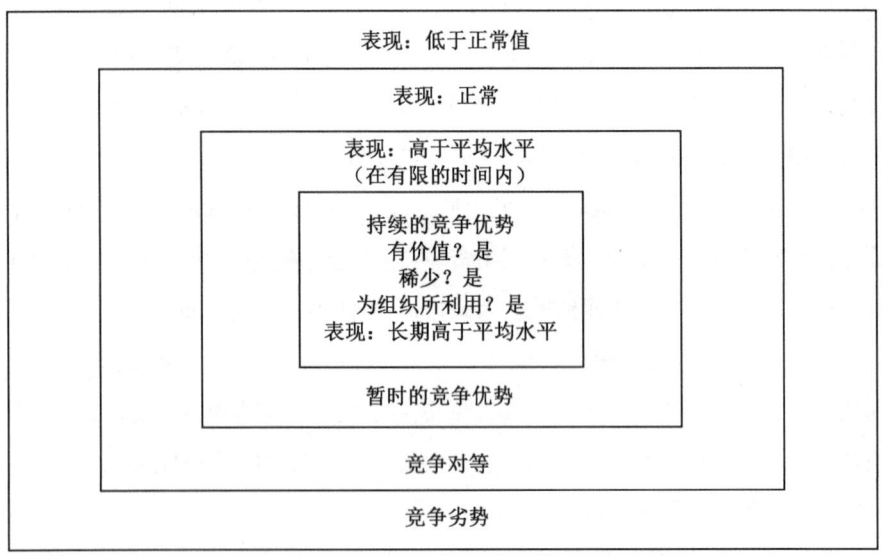

注:参考 Barney & Clark,2007。

图2—1 实现持续竞争优势的核心 VRIO 框架

资源基础观的总体假设是,并非所有资产都能带来可持续的竞争优势。相反,资产属性可以有不同的竞争含义(Barney & Clark,2007)。例如,如果一家公司拥有的资源并不宝贵,也没有得到开发,这将导致该公司的竞争劣势。如果一种资源是有价值的但并不稀缺,并且企业在一定程度上利用了它,那么企业就在市场上实现了竞争对等。如果一种资源是有价值的且稀缺的,但并不难被竞争对手复制,那么企业就获得了暂时的竞争优势。只有当一种资源是有价值的、稀缺的和难以复制的,并且得到充分利用时,企业才能获得可持续的竞争优势。实现优势可持续性就是这样一个事实,即优势是持久的,竞争对手无法复制企业使用特定资源的方式,作为其竞争力的来源。

2.2 动态能力

VRIO 框架的另一个扩展涉及能力的概念,这对于理解企业如何获得持续的竞争优势至关重要。企业的动态能力赋予战略管理在"适应、整合和重构内部和外部组织技能、资源和职能能力"方面的核心作用(Teece et al.,1997),以期在不断变化的竞争环境中保持领先地位。动态一词指的是更新组织能力,使公司的能力与商业环境相匹配。一个关于动态能力的框架旨在理解一家公司如何找到一套独特的和难以模仿的产生竞争优势的先决条件。此外,动态能力需要假设为最高管理层实施的内部组织结构和战略过程,以保持竞争优势。Teece 等(1997)定义了过程、地位和路径中的动态能力。第一,过程指的是作用丰富的组织和管理的惯例与实践。活动和技术的协调和集成,以实验新方法的形式学习,从而更高效地完成任务,开发组织知识库,以及按照资产最初的安排方式重新配置和转换结构。第二,公司的地位意味着特定资产决定了公司在特定时间点的竞争地位。这些资产可以是技术资产、金融资产、声誉资产、结构资产和制度资产。与之前的想法一样,以市场产品定位为形式的市场资产也可能在创造和维持竞争优势方面发挥作用,但在 VRIO 框架下,其重要性相当低。第三,路径包含了依赖关系,它代表了给定当前位置,一家公司可行的或要遵循的选项的数量,也就是说,一家公司的未来地位取决于之前的战略选择。在提到技术时,可以详细说明类似的原理,在技术中,追求机会取决于之前对研发做出的战略选择,以及根据过去的经验确定未来机会的组织实践。总之,从企业竞争力的理性视角出发,动态能力方法假设能力是可复制的,但难以模仿。

动态能力框架得到进一步扩展,以帮助公司在创新周期缩短、制造和服务能力增强的动态业务背景下确定可持续业绩的来源(Teece,2007)。公司并非采取行业方法,而是评估对业务至关重要的利益相关方(监管机构、客户、供应商和研发机构)的总体数量,以难以复制的资产形式感知、选择和实施可行的技术和业务模式,从而获得可持续的竞争优势。为了在技术和商业模式的基础上实现可持续竞争优势,Teece 等(2007)提出了三种核心动态能力:(1)感知市场和技术机会的生态系统方法;(2)描述合理捕捉机会的结构、程序和激励措施;(3)协调特定资产。

在竞争激烈的新市场中，感知机会对企业生存至关重要。分析系统和个人能力是定义独特过程的核心属性，可以从业务环境中学习、感知机会并筛选它们。尤其值得注意的是，人们认为四个过程是感知市场和技术机会的关键。第一个过程是感知科学和技术的发展是基于对整个商业生态系统的信息搜索，而不仅在地方层面。同时，在内部合作者、供应商和客户的帮助下，这个探索阶段也可以在遥远的市场进行。特别是最先注意到新变化的领先客户是新技术应用的客户来源。第二个过程是需要识别出合适的客户群体，确保技术能够满足他们的实际需求。创新型消费者是最早采用仍处于早期阶段的产品的群体，因此，他们是进一步发展客户的宝贵源泉。第三个过程涉及管理内部的研发资源和选择技术，以便公司能够开发新产品进行商业化。于是，技术变成了一种投入，并被加工为产品。第四个过程是指在供应商内部寻找创新，以补充或开发产品。后两个过程是开放创新的基础，这将在后面进行讨论。

当一个新的市场或技术机会被发现和筛选后，另一套过程就开始运作，即企业家或管理者通过参与一系列管理决策将其转化为创新产品或服务。完成上述目标的第一个决策是开发向客户交付价值的方法以及交付这种价值的相关商业模式。通过这种方式，经理构建业务模型，以确定价值来源、正确的客户群、嵌入产品的可行技术以及收入流。第二个决策是分析公司的边界，以便向市场推出创新产品并获得利益，同时避免由此产生的竞争。公司需要考虑资产的保护、资产的性质（它们是否是与供应商或其他合作伙伴共同专门开发的）、竞争的定位以及行业的生命周期。当一个公司嵌入商业生态系统时，它依赖于合作伙伴实现和补充能力，甚至通过外包，公司可以获得新的能力。就独特资产而言，界定公司的边界决定了可能阻碍整体战略的"瓶颈资产"的类型。一个具体的资产是将平台视为多面市场，参与者之间相互依赖。平台需要互补才能在需求端为消费者服务。这扩展了公司的边界，因为另一个业务方可以提供产品来补充平台。第三个决策旨在选择有助于确定资源互补性以及避免市场蚕食和决策偏差的决策框架。第四个决策是关于领导力的。在实施战略的过程中，管理者和企业家需要展现出沟通愿景和目标的能力，并找到组织承诺的追求前瞻性的道路。

在开发了潜在的市场和技术机会，并设计了和谐商业模式支持的创新产品，从而提高了公司盈利能力之后，动态能力的最后一个维度就会重新配置、重组和保护资产，只要公司制定了整体市场战略，动态能力的最后一个维度便会持续下去。其中,第一个管理方面的决策是重新协调组织设计以简化决策。权力下放是实现这一目标的范例,其中可分解性也发挥了重要作用,即创建松散连接的业务单元,需要权衡自主权和客户能力。新的组织业务部门需要开发开放、创新、协调、协作的能力。实施该战略的第二个决策涉及共同专门资产,这是补充资产的一个特定子集,其价值取决于这些资产的共同使用方式。管理共同专门资产需要探索、识别和组装市场中仅有少数几方能够获得的资产,因此公司能够组装这些资产,并将其转化为对消费者群体有价值的产品。第三个决策涉及发展吸收能力以学习、积累和转移知识。例如,来自内部和外部的隐性知识很难复制,因为它存在于个人关系中,而不是以专利或生产程序的形式存在的系统化知识,这需要高度的资产保护。第四个也是最后一个决策涉及治理措施。管理者需要确保内部激励与最终目标相一致,这样公司才可以避免组织冲突,这种冲突会阻止管理者恰当地利用机会。

2.3 结果:可持续竞争优势

在 VRIO 资源和动态能力上应用框架的预期结果是实现可持续的竞争优势。竞争优势代表的是以创造价值为导向的战略的结果,即在给定的时间点,竞争对手没有实施这些战略。除了竞争优势,可持续性还包括竞争对手无法复制的特定战略的实施收益的能力(Barney,1991)。具体来说,当一家公司创造的经济价值超过与该战略相关的边际成本,并且竞争对手无法复制该战略时,该公司就实现了可持续竞争优势(Barney & Clark,2007)。

随着企业实施战略,企业可以在一系列资源之间进行选择(内部或基于市场的资源)、动员和补充,以实现可持续竞争优势。在这一部分中,三种基于市场的资源被呈现为品牌、价值主张和客户关系。虽然这些资源在性质上是无形的(Palmatier et al.,2006),但它们比其他与过程相关的资源更容易调动和补充(Kozlenkova et al.,2014)。

2.3.1 品 牌

品牌是名称、图案和图形设计,以及标识独特产品或服务的名称。品牌可以用功能和符号属性来表征,以代表和传达价值产品。品牌涉及形象和意义,因此消费者可以很容易地将它们与产品的属性联系起来。品牌甚至可以和个性特征联系在一起，就好像它是一个人一样。于是，市场中就产生了创新、冒险或可靠的品牌。消费者通常通过广告信息获得品牌认知，当一个品牌在市场上存在很长时间时，消费者会根据以前对产品的体验以及社交圈的口碑信息发展联想。随着品牌不断发展，消费者获得了一种熟悉感，从而对品牌产生积极的态度，因此，消费者可能会表现出购买某品牌产品的意图。当多次购买产品后，消费者就被认为对该品牌是忠诚的。建立一个强大、消费者意识和忠诚度高的品牌需要时间和资源，但是一旦品牌在市场上获得了积极的定位，它就会成为公司可持续竞争力有价值的和独特的来源。作为一种独特的资源，企业可以利用品牌的所有关联获取价值。从某种意义上说，一个品牌成为一种有价值的资产，可能会产生可持续竞争力。这种可持续竞争力可以基于品牌资产这个术语，它将品牌视为一种资产，其价值是可以衡量的。通常，这种方法可以采取财务估价的形式，以公司或业务部门的收入作为参考，预测品牌管理带来的未来利润。衡量品牌资产的另一种方法是通过消费者偏好衡量品牌价值，消费者认知越强、了解越深，品牌价值便越高。总之，强势品牌可以吸引并留住非知名品牌触达的忠实客户。品牌通常由有价产品进行补充，以扩增可持续竞争力的整体效果。

2.3.2 价值主张

公司可以向不同的市场提供产品。事实上，产品这个术语是工业世界的遗留，因为它的焦点是满足消费者需求的有形物品。而自相矛盾的是，在以服务经济为基础、大力强调无形服务的金融界，这一术语仍被广泛应用。更严格地说，产品可以与服务区分开来，因为人们实际上可以"触摸它"，可以使用物流网络进行存储和分发。相比之下，服务本质上是无形的，依赖于智能手机和电脑等数字渠道提供。依靠数字平台提供非物质化服务的数字银行可以被视为一项完整的金融服务，或许与银行账户相关的借记卡或信用卡除外。价值主张可以指满足消费者需求或为他们解决问题的产品、服务和平台，即提供更方便的服务、节省时间、金钱或精力，或者为消费者提供新的价值属性。更好地实现和解决问题的价值主张更受消费者的重视，因此，消费者可能会倾向于使用该产品，并对它表现出更高的偏好。创新产品定位合适的产品市场，对于消费者需求有着深刻的理解。这通常是通过市场研究技术实现的，这些技术深入研究特定的问题，并用有形和无形的特征创新产品,以满足消费者需求。在数字世界中,实施先发战略,并通过适当管理决策整合和补充资源的公司可以获得高于平均水平的回报(Hsiao et al.,2015)。通过开发创新的价值主张,以独特的方式向消费者提供相对较高的价值,企业能够实现市场匹配,增加消费者对产品的偏好。产品试用、购买和回购的份额可以用来衡量可持续竞争力。

2.3.3 客户关系

遵循品牌个性的隐喻,品牌可以发起、发展甚至终止与消费者的关系。特别是考虑到与金融产品相关的复杂关系,金融业倾向于同消费者保持长期关系。当消费者第一次购买产品时,公司便开始与他们建立关系。而意识到产品优势的消费者可以参与回购,通过购买该品牌的不同的产品,关系得到发展。由于产品是为满足消费者的特定需求而开发的,这种关系由此变得独特,因为不同消费者群体可能表现出不同的需求,需要不同的解决方案。通过进一步发展与补充产品或服务的关系,公司能够从这种关系中获取价值。作为一种独特的关系,信任和承诺可以加深这种关系。影响关系质量的其他方面,即公司和消费者形成的纽带的强度,是指卖方向客户提供的可靠和有价值信息的专业知识和能力(Palmatier et al.,2006)。通过建立深厚的关系,公司可以提高买断率、销售额和盈利能力。

2.4 金融科技资源与能力连接的案例研究

尼日利亚是 M-Pesa 的发源地,M-Pesa 是该国最早推出的基于手机钱包业务的创新金融服务提供商之一。数字金融服务(DFS)是与向消费者提供金融服务相关的创新技术,包括手机和其他复杂的平台,进行支付和其他金融交易(David-West et al.,2018)。数字金融服务在发展中市场的增长方式之一是关注没有银行账户和银行服务不足的人群。尽管数字金融服务在发达国家和发展中国家的增长率令人印象深刻,但仍然存在一个问题,即服务提供商的资源和能力及其对业务可持续性的影响。通过对数字金融服务行业组织(银行和非银行)的 9 名高层管理人员的深入访谈,我们将了解哪些资源和能力在促进和阻碍创新金融服务的使用。在资源方面,尼日利亚的公司认为,强大的网络以及专有的软件开发业务和自有的信息通信技术基础设施可以避免依赖海外资产。此外，运营商还认识到金融普惠是其核心业务战略的一部分，而非企业的社会责任。在能力方面，核心活动包括技术、业务和现场服务操作。重要的是，高层管理者认识到，在专业产品和为消费者开发的支付系统方面，专业人员是短缺的。另一个对成功至关重要的能力是知识，它需要与背景相联系。当尼日利亚人开始一份新工作时，他们会带上整个家庭，因此传统的 P2P 服务需要其他服务的补充。其他例子包括无形的能力，如战略、品牌资产和文化。在战略方面，数字金融服务公司起初复制了 M-Pesa 的模式，但后来它们注意到，自己需要避免与银行直接竞争，因为它们缺乏成功所需的资源和品牌资产。相比之下，较新的参与者将重点放在女性这个未开发市场，以增加金融普惠性。还有一个值得注意的方面是组织文化，它引导新的数字金融服务业务实现可持续竞争优势。高管们一致认为，他们通过实施一种灵活而扁平的组织结构，发展了组织内部和组织之间的能力，在这种结构中，关键绩效指标和潜在客户的信息在各业务部门之间共享（David-West et al.，2018）。

2.5 技术调研

金融科技的决定性特征之一是数据生成。当前的技术正在分析不断增长的数据量，这些数据要求信息通信技术系统在存储和传输、数据分析和数据驱动的创新过程中关注数据的隐私和安全（Gai et al.，2018）。隐私表示个人需要保护和控制公司使用其数据的方式。云计算是一种流行的基于网络的安全存储和传输数据的服务，由于其易于使用、方便和可信，已被许多信息技术专业人员采用（Sharma et al.，2018）。特别是在大量信息中分析和发现模式的技术是基于区块链范式、大数据和人工智能产生的，这些将在下面讨论。

2.5.1 区块链

区块链是一个信息丰富的分布式系统，它是存储网络参与者已执行的交易记录。作为公共分类账，所有参与者都在系统中验证每笔交易，而不需要中央机构。事务被分组为区块，每个块按时间顺序链接到前一个区块；只有在参与者同意的情况下，才能修改其中的区块。参与者在预定义的一致机制下使用数字签名来验证区块。上述特性使得所有的区块链交易都是可追踪的、安全的和分散的。区块链技术的发展经历了四个阶段。第一阶段是具有系统初始事务性能的核心技术。这使得应用程序能够以比特币的形式进行资金转移和支付。这一阶段与交易成本的降低有关，因为它避免了中央机构对交易授权的需要。第二阶段扩展了分散共识的思想，以增强隐私和智能合同的特性。加密货币以太坊就是在这种理念下运行的。与第一阶段类似，第二阶段不再需要外部方监督合同的遵守情况，因此，除了降低成本，区块链还提供其他增值服务。第三阶段指的是分布式应用程序，它使公司能够通过使用分类账从其他方获得服务。当其他公司参与网络时，公司能够进行改变公司边界的外包业务。第四阶段将区块链人工智能作为从数据中学习和发展管理行为规则的方法。这一阶段的结果指的是预测，而不是实际的管理决策，但仍使管理决策和判断得到了加强（Angelis and da Silva, 2019）。

2.5.2 大数据

尽管对于大数据的含义还没有完全达成一致，但大部分人认同该术语泛指通过物理传感器、社交媒体网络、图片、视频、手机信号和位置以及购买交易获取的数据。这些数据积累成极其庞大的数据集，需要使用桌面系统之外的硬件和软件工具进行分析和合成（Wamba et al., 2015）。特别是大数据集具有以下特征：数量（海量数字信息存储）、多样性（数据可以由服务交付运营、客户服务、市场研究或物流车队产生）、速度（数据可以在几分钟和几秒钟内创建，实时捕获和分析）、准确性（大量数据被认为比小样本更可靠）和价值（来自大数据的见解为公司提供价值）。因此，大数据技术涉及对越来越多的信息进行分析，然后提供能够创造经济价值的见解。大数据分析可以产生价值的一些方式包括减少数据处理时间，自动化重复服务以高精度检测欺诈，识别特定的客户群以定制价值产品，支持受控的现场实验以实时分析消费者偏好，在数据驱动创新的基础上创新价值主张，定制产品并在最方便的时候为消费者提供产品（Wamba et al., 2015）。

2.5.3 人工智能

人工智能是有潜力从分析大数据中获取价值的分析技术之一。人工智能指的是软件程序，即人工智能代理，它能够获取外部数据，根据一组预定义的规则对其进行转换，并产生再次引入系统的结果。随着时间的推移，这个反馈回路能够提高结果的准确性。具体来说，人工智能代理获取结构化数据（来自销售、时间序列或网络指标的数据）和非结构化数据（图片、视频、音频和文本）。人工智能还能够代理使用计算机视觉、自然语言处理和机器学习等技术。人工智能代理使用分析技术以寻找解决方案，使其更好地克服许多限制（解决问题），应用演绎推理技术推断和预测结果（推理），并迭代寻找解决方案，而非依赖预定义的规则（机器学习）。将人工智能应用于业务问题的结果可以是叙事对话，例如为客户服务的聊天机器人，但也可以是生成图像或机器人响应。作为价值生成工具，人工智能可以通过人工智能创新影响产品和过程，人工智能可以增强或摧毁它们的能力（Paschen et al., 2019）。通过增强产品的能力，一个组织可以为消费者带来更好的价值主张，而一种破坏产品能力的观点主张提供完全不同的产品。通过影响过程，人工智能能力将增强过程，公司可以提升效率，而能力破坏过程涉及生产和服务交付过程的彻底改变，例如人工智能代理代表客户进行采购或投标（Paschen et al., 2019）。

2.5.4 应用程序接口

应用程序接口是实时交换大量数据的"管道"。如果未能连接，技术将无法提供高价值。通过在数据发送方和接收方之间使用共享指令的结构，最异构的数据可以共享和补充数据存储库。例如，零售商店向发射器银行发送请求并接收回复，从而授权二维码支付。同样，初创企业可以连接到信用评分系统，获得金融消费者的信息，并包括通过算法评估的信息。

从 VRIO 资源的角度评估，金融科技初创公司可以从先前的技术中获得价值。同样，以新的方式部署这些技术的能力为公司提供了可持续竞争力，只要他们能够利用数据、提取见解并在所有相关的利益相关者和决策者之间共享它们。因此，技术便成了为玩家带来优势的 VRIO 资源。

2.6 结 论

本章介绍了资源基础论中企业管理框架的基本原则，这种管理框架依赖于价值、稀有性、模仿潜力和可替代性的特征，以及利用这些特征作为可持续竞争优势来源的组织能力。此外,动态能力框架引入了另一种管理框架,这种框架依赖于感知、抓住和利用市场和技术机会创造和维持可持续的竞争优势。品牌、价值主张和客户关系是基于市场的无形资产,可以通过多种方式带来持续的竞争优势。对金融科技中前沿技术的快速调研作为本章的重点,将它们与价值驱动因素联系起来。只有将技术视为有价值、稀有且易于模仿的资产,并将它们与价值驱动因素联系起来,金融科技组织才能找到实现可持续竞争力的方法。无效的管理决策(主要是考虑不断发展变化的技术)将承担时髦主义和炒作的风险,削弱将技术作为金融科技行业基础资产的战略作用。

参考文献

Angelis, J., & da Silva, E. R. (2019). Blockchain adoption: A value driver perspective. *Business Horizons*, 62(3), 307—314.

Barney, J. (1991). Firm resources and sustained competitive advantage. *Journal of Management*, 17(1), 99—120.

Barney, J. B., & Clark, D. N. (2007). *Resource-based theory: Creating and sustaining competitive advantage*. Oxford University Press on Demand.

David-West, O., Iheanachor, N., & Kelikume, I. (2018). A resource-based view of digital financial services (DFS): An exploratory study of Nigerian providers. *Journal of Business Research*, 88(7), 513—526.

Gai, K., Qiu, M., & Sun, X. (2018). A survey on FinTech. *Journal of Network and Computer Applications*, 103, 262—273.

Hsiao, Y.-C., Chen, C.-J., Guo, R.-S., & Hu, K.-K. (2015). First-mover strategy, resource capacity alignment, and new product performance: A framework for mediation and moderation effects. *R&D Management*, 47(1), 75—87.

Kozlenkova, I. V., Samaha, S. A., & Palmatier, R. W. (2014). Resource-based theory in marketing. *Journal of the Academy of Marketing Science*, 42(1), 1—21.

Palmatier, R. W., Dant, R. P., Grewal, D., & Evans, K. R. (2006). Factors influencing the effectiveness of relationship marketing: A meta-analysis. *Journal of Marketing*, 70(4), 136—153.

Paschen, U., Pitt, C., & Kietzmann, J. (2019). Artificial intelligence: Building blocks and an innovation typology. *Business Horizons*, 63(2), 147—155.

Sharma, S. G., Ahuja, L., & Goyal, D. P. (2018). Building secure infrastructure for cloud computing using blockchain. In *2018 Second International Conference on Intelligent Computing and Control Systems (ICICCS)* (pp. 1985—1988). IEEE.

Teece, D. J. (2007). Explicating dynamic capabilities: The nature and microfoundations of (sustainable) enterprise performance. *Strategic Management Journal*, 28(13), 1319—1350.

Teece, D. J., Pisano, G., & Shuen, A. (1997). Dynamic capabilities and strategic management. *Strategic Management Journal*, 18(7), 509—533.

Wamba, S. F., Akter, S., Edwards, A., Chopin, G., & Gnanzou, D. (2015). How "big data" can make big impact: Findings from a systematic review and a longitudinal case study. *International Journal of Production Economics*, 165(7), 234—246.

Wernerfelt, B. (1984). A resource-based view of the firm. *Strategic Management Journal*, 5(2), 171—180.

Wernerfelt, B. (2014). On the role of the RBV in marketing. *Journal of the Academy of Marketing Science*, 42(1), 22—23.

3 金融科技行业的企业家精神

3.1 还有能够创新的内容吗？

与上一章关于资源调动的讨论一致，价值主张是创造和保持竞争优势最常用的资源。公司将创新视为重要的活动之一，并分配公司资金和人员来创新产品和服务。为了满足不断变化的客户需求或瞄准新发现的市场，企业纷纷推出具有新属性的创新产品。长期以来，创新一直是一种炒作，考虑到80%以上的创新产品在上市时失败（Nielsen，2018），10家初创企业中有9家在运营的前两年失败，我们有必要重新评估企业是如何开发创新产品的。由于各种细分市场的产品和服务已经趋于饱和，因此企业在开发创新产品之前要思考一个问题：市场中是否还有空白，以便创新产品进入。关于这个问题，有两种观点。其中一个观点是，金融科技作为各种公司相互作用形成的商业生态系统，实际上是传统金融行业的延伸。在这方面，新的数字支付系统、小额贷款和众筹是基于账单支付和银行贷款活动的自然演变。这意味着金融领域几乎没有创新，普通的商业运作和技术进化是连续和渐进的。从这个角度来看，企业家启动初创企业是一种灵活的商业运作方式，没有庞大官僚结构的负担，目标相同，即提供金融产品并获取利润。创新的作用仅限于采用市场上现有的技术。企业家倾向于使用大公司中的营销部门的类似流程来探索商业机会。也就是说,这种方法与技术采用的缓慢有关,该类技术应用于传统经营模式。

另一个观点是,金融科技是一个完全创新的行业,打破了传统的金融交易方式。因此,金融科技产品与传统银行产品完全不同。例如,小额贷款将是一种完全不同的产品,因为它满足了以前未被发现的消费者群体的不同需求,并通过数字渠道提供产品,避免了实体银行基础设施。创新的潜在作用巨大,因为它是新金融科技产品和服务的引擎。公司采用新技术并将其应用于创造新的价值主张,以新的方式进入新的细分市场。企业家表现出对市场和消费者的导向,这使得他们强烈关注消费者心目中的创新过程。在这方面,彻底的创新是金融科技运营和跨市场交付先前不存在的金融产品和服务的核心。企业家(而非大型组织)是将消费者体验视为创新产品一部分的关键角色。

3.2 创新分类学

发明是创新过程的核心。新的产品、服务和制造过程的创造通常被认为是发明。创新是"将原始发明实际提炼和开发为可用的技术或产品,为客户创造价值"(Maital & Seshadri,2012,p. 29)。开发创新的关键目标是将它们转化为有价值的、稀有的和难以模仿的资源,为公司提供可持续的竞争优势。这种可持续竞争优势可以引导公司提高利润增长,进入市场,并在市场中茁壮成长,还提供了一种改变公司实现目标的方法。创造、评估、选择和向市场推出创新的方式是创新管理的流程。在金融业,金融创新的定义之一是指"……由任何机构执行的流程,涉及创造、推广和采用新的(包括增量和激进)产品、平台和过程,或引入新的方式,或改变金融活动执行方式的技术促成因素"(Khraisha & Arthur,2018,p. 4)。为了构建金融科技创新的进化数量,创新分类法可能是有帮助的。分类法可以根据共性对创新进行分组,并有助于针对竞争对手发起的创新制定战略对策。第一种实用的分类包括将产品(价值主张)、服务、流程和业务模型视为不同的类型。

创新可以根据许多标准进行分类。分类有助于在充满众多产品的竞争环境中构建产品。金融业倾向于提供类似的产品,通过对它们进行分类,管理人员能够将新产品概念化,在竞争产品之间进行定位,并找到缺乏强竞争的空白市场利基。

第一个分类指的是连续的产品和服务。产品创新是指物理产品属性的改变。他们不仅将功能变化称为添加新功能，还称之为增强用户体验、扩展产品线或添加象征性和伦理性功能。信用卡作为消费贷款产品的有形部分，在公司增加现场无接触支付的近场通信（NFC）芯片时得到了创新。在服务创新方面，金融科技初创公司强烈依赖实体程度较低的服务。服务创新指的是改变提供服务的方式。如通过提供纯数字服务，在线银行参与了一项服务创新，即服务交付模式从物理分支转变为无分支服务。虽然以前的创新类型本质上更以客户为导向，但流程创新涉及公司的内部方面，指的是嵌入组织中的既定实践、惯例和操作。流程创新通常旨在简化运营，以便公司能够降低成本并提高生产率。此外，服务创新还能够使数字产品具有附加值。例如，应用程序接口帮助金融科技生态系统之外的公司之间更快和更安全地连接，以实时收集和授权众包贷款，从而提高服务的便利性。当然也有可能对一个公司的商业模式进行创新。一个商业模型是由几个相互作用的部分构成的，这些部分支撑着商业策略。例如，在市场方面，商业模式画布（Osterwalder et al.，2005）有9个组成部分：价值主张、客户细分、客户关系和市场渠道；在内部，它还包括成本结构、收入流、合作伙伴、关键活动和关键资源。通过改变这部分的战略互动方式以及所基于的假设，创新是可以实现的。例如，在客户关系方面，通过将服务消费者的模式从线下渠道转变为移动应用等在线渠道，金融科技公司创新了业务模式，并能够提供延续这种关系的新金融服务。

创新的性质并非全部一致。考虑到产品的创新程度，创新可以分为增量创新和激进创新。增量创新是一个术语，用来描述那些与以前存在的产品相比，其新功能是微小的和渐进增强的产品。这些增量变化代表了低风险的创新战略，产品面向那些具有高品牌知名度和产品知识的细分市场，因此更容易评估产品和感知新属性。在财务上，虽然增量创新为消费者提供了额外的价值，但获取的价值较低。向移动应用程序添加具有新功能的菜单选项（例如，打开/关闭数字卡片），因为整体特征保持不变，而只有属性得到增强。相比之下，激进创新所代表的产品，其属性的变化程度很高，以至于新产品只与先前产品的一部分相似，有时产品会被全面改造。这种类型的产品涉及资源和时间的持续分配，因此代表了一种高风险策略。这种类型的创新是面向市场中没有意识到的部分，这些部分可以从第一次使用新产品中获得巨大的利益。激进的创新通常与高回报相关,因为公司可以利用先发优势,在市场中设置准入壁垒,确保关键资产的不可模仿性,建立能够开发创新产品的创新和组织能力,并率先将其推向特定市场,成为与更多新进入者进行比较的基准(Wang et al.,2016)。

激进创新的一个特殊子类型是颠覆性创新(Christensen,1997)。这个术语是为了解释为什么现有的大型公司在给定的市场中无法与新进入者竞争。颠覆性创新是一种新产品,最初在市场普遍重视的属性方面表现相对较差。然而,颠覆性创新已经嵌入了一种新的属性,这种属性最初被低端市场所重视,并逐渐开始被高端市场所重视,直到它获得足够的市场份额时,它仍然继续被老牌竞争对手忽视。额外的性能属性可以是便利性、可用性、移动性或价格(Si & Chen, 2020)。重要的是,根据 Christensen(1997)的观点,颠覆性创新有可能改变一个行业的轮廓,使竞争对手能够进入先前无人问津的行业。由于数字信息通信技术机构的支持,许多金融科技产品可以被视为是颠覆性创新,因为它们能够改变金融业的格局。此外,金融科技产品通常由非金融机构提供,如谷歌、亚马逊和苹果等大型互联网巨头。颠覆性创新的时间轨迹如图3—1所示。

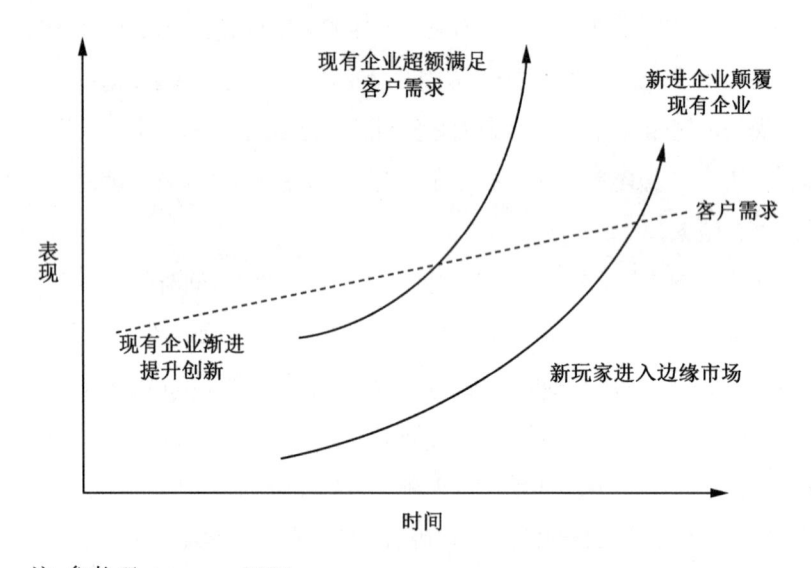

注:参考 Christensen,1997。

图 3—1 颠覆性创新的时间轨迹

创新的最终分类可以根据产品是如何制造的来进行。通过这种方式,可以定义模块化创新和架构创新。模块化创新包括系统组件的变化,但整个系统保持不变。当考虑到敏捷创新之间的联系时,这一点尤其重要,敏捷创新允许在加速创新过程的短篇软件的基础上开发产品和系统。实际上,所有金融科技移动应用都依赖这一概念在市场上发展。相比之下,架构创新重新安排了整个系统及其相关部分的交互方式。作为开放银行的标准可以被认为是架构创新,因为它们重新定义了软件层和各方在数字平台中的交互方式。前面讨论的决策矩阵,如图 3-2 所示。

创新的核心属性

	增强	推翻
创新后无变化	渐进创新	模块创新
创新后有变化	架构创新	激进创新

注:参考 Henderson & Clark,1990。

图 3-2 创新分类学

3.3 创新管理方法

虽然有很多方法创新产品、服务以及完整的商业模式,但本节只讨论了其中的一小部。因为它们是强大和持久的方法,同时也有学术文献的支持。

3.3.1 创新方法的驱动因素

有几个有形或无形的因素会影响新产品的开发和成功。至少有三个广泛的驱动因素,包括许多其他直接影响战略流程创新的变量。第一个驱动因素是指将产品转化为高于平均水平的价值主张的个人因素。第二个驱动因素涉及组织和战略因素,这些因素塑造了面向市场和消费者的特定企业定位,而不是生产或服务交付过程。第三个驱动因素概述了管理公司参与新产品开发方式的战略方法(Cooper,2019)。本节讨论这些关键驱动因素。

一个成功的产品是指独特的优秀产品,它在满足特定消费者需求方面优于竞品。消费者很容易感知和评估比竞品提供更多价值的产品,并发现令人信服的性价比,这是产品的一个有价值的属性。此外,成功的新产品表现出高质量的特点。而从满足消费者需求的方式来看,产品的创新性由人们认定,而不是根据产品新颖性的技术成分在内部分配一个新的程度,也就是说,消费者评估的是新产品解决问题的能力,而不是嵌入产品的特定技术。消费者不仅可以从功能的角度来评估产品的益处,也可以从象征的角度来评估。产品可以满足与社会维度相关的消费者需求,例如,帮助他们归属一个社会群体或为他们提供更高的地位。消费者的意见指明公司需要解决的需求和问题。这种驱动力通常由具有强大市场和消费者导向的公司聚集。通过市场调查获得的知识可以包含在产品开发的所有阶段:构思、产品设计和产品发布。本章稍后将讨论开放创新。另外两个相互关联的驱动因素是探索产品创意的市场潜力,以及对财务和业务选择的可行性进行研究。在识别和选择有吸引力的市场、制定价值主张和定位战略方面,需要对产品规格进行完善的定义,以告知所有内部和外部利益相关方。不断变化和模糊的产品定义是产品开发和发布延迟的根源。最后,一个完善的营销和发布计划必须到位,这样产品才能正常发布。金融科技产品将服务的无形特性嵌入实体产品中。因此,与产品和服务相关的变量会影响商业成功率和可持续竞争力。例如,成功产品的相关特征与产品相对优势和营销研究能力有关,而对于服务,它包括服务创新性和一线参与性。在这两种情况下,产品发布的成熟程度也会强烈影响新产品和服务的成功率(Storey et al.,2016)。

创新产品成功的关键是公司管理其资源的方式以及战略、内部流程和人为因素。指导整个创新过程的战略可能对该过程有重要影响。其中有几个因素值得讨论:第一,根据前一章关于吸收能力的阐述,企业可以制定战略重点,将资源、技能和能力分配给几种产品和产品组合。聚焦方向可以指导公司在知名市场或全新市场推出新产品。第二,团队管理和创新文化是企业内部无形的和稀有的资源。通过在鼓励创新的文化中发展跨职能团队,企业可以缩短上市时间,并从产品故障中快速恢复。第三,管理者对指导、支持和评估创新工作的言论会影响新产品开发的结果,这种导向会指导资源的使用和创新程序的实施。利用项目发起人和支持者指导和培训创新团队可以提高创新的整体成果(Storey et al.,2016)

3.3.2 创新的阶段—关口过程

在企业中实施系统创新过程是新产品开发的关键。最广为人知的模型是阶段—关口过程,在这个过程中,创新被分成 5 个迭代阶段,它们之间有明确的边界(Cooper,2017)。这种划分帮助企业在不同阶段之间及时做出"去或留"的决定。当一个阶段的结果得到评估,并被认为适合继续到下一个阶段时,做出"留"的决定。这些阶段解释如图 3-3 所示。

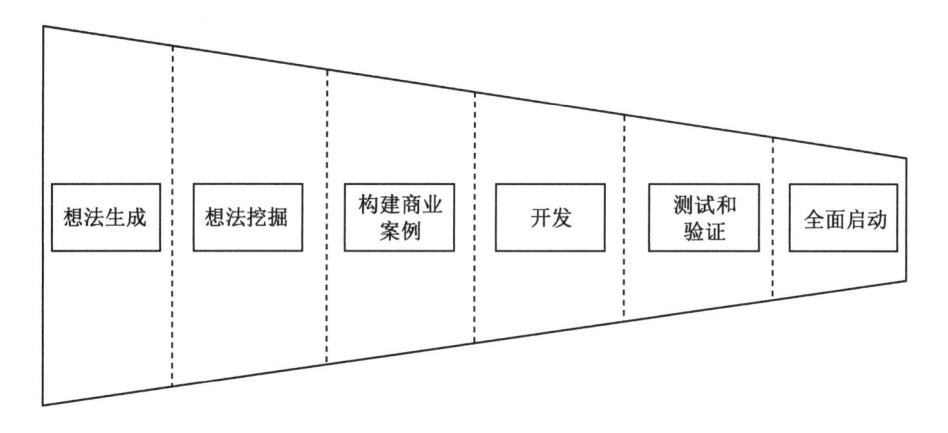

| 想法生成 | 想法挖掘 | 构建商业案例 | 开发 | 测试和验证 | 全面启动 |

注:参考 Cooper,2017。

图 3-3 标准阶段—关口创新管理流程的最新形式

创新过程从第一阶段开始产生想法。想法可以有不同的来源,如研发部门、员工、客户和其他各方。研发方被认为是最可靠的想法来源,因为它是新产品的实际来源。然而,研发部门要想成功开发新产品,就需要吸收其他利益相关方的意见。一些公司引入政策,倾听通常更接近客户的员工的声音。还有些公司通过使用市场研究技术和设计方法,了解客户的需求、问题和愿望,从而倾听客户的声音。最近有两种方法尤为突出。其中之一是开放创新范式,其在金融业的主流是开放银行业务,将在本章中进一步讨论。设计思维是将客户想法纳入早期构思和原型制作的另一种方法。

在第二阶段,创新团队会挖掘第一阶段产生的想法。一般来说,创意是根据包括市场和企业等特定因素在内的标准进行筛选的。一方面,市场潜力和销售增长、与明确识别的客户的契合度以及交叉销售机会被用来评估想法的可行性。另一方面,公司也根据战略方向、重点和对目标市场的熟悉程度以及与公司使命和愿景的契合度评估想法。而在创意产生阶段,公司可以收集数百个创意,在进行深度挖掘之后,只能留存十个或更少的创意。这可能会令人沮丧,但被扼杀的想法可能会进入替代流程,如客户支持或质量改进,就会以较低的优先级开发想法。之后,根据市场信息,第三阶段构建由管理层评估的业务案例,以便资源可以集中在有限的项目上。业务案例通常涉及新产品的技术、营销和生产/服务交付,以及重要的消费者对产品概念如何解决需求和问题的意见。产品概念随后由领先的创新用户进行测试,这些用户是消费者中的一小部分,尽管价格高、风险大和表现不确定,但是他们依然会迅速采用新产品。产品概念不是代表物理的或数字的产品,而是指用于收集潜在用户反馈和产品购买意愿的大纲或草稿。当业务案例收到"执行"决定时,它们将进入第四阶段,进行快速的原型开发和迭代测试,然后推向更广泛的用户。产品概念有时被称为最小可行产品(Ries,2011),并构建产品概念和物理原型,例如,数字产品或基于计算机设计的模拟网页。之后再次收集和吸收客户的意见,以改进原型。在构建—测试—反馈—修改的循环中(Cooper,2014),最终原型得以实现。在测试和验证的第五阶段,发布该产品的测试版(最终测试版),以评估它在生产和交付性能、现场测试和用户试验方面的表现。如果产品收到下一个"留"的决定,它将进入全面启动的第六阶段。在这个阶段,产品被移交至交付渠道,直到触达最终用户。

3.3.3 敏捷方法

最近用于软件开发的敏捷方法提供了关于如何缩短产品上市时间的见解,因为金融科技产品本质上几乎是100%数字化的。敏捷方法的使用围绕四个核心支柱:增量(快速周期的短篇软件的发布)、协作(客户和开发人员紧密合作)、直接(开发过程易于学习、实现和修改)和自适应(允许在过程的任何阶段进行更改)(Abrahamsson et al.,2017)。两个横向概念支持敏捷方法:模块化和灵活性。虽然讨论软件开发过程的具体阶段超出了本书的范围,但是其开发过程类似于前面讨论的阶段—关口过程。这些研究为成功部署敏捷创新项目所需的因素提供了见解。项目成功的关键是公司和用户与开发方法和管理层的承诺保持一致。鉴于市场上有十余种敏捷方法可供借鉴,选择和定制最佳敏捷方法以实现整体产品开发目标是一个关键因素。项目试点应当得到所有利益相关者的认可,因为人们能够深入了解该方法是如何运作的。此外,敏捷方法可以找到变革的阻力,然后解决公司的协调问题,以及收集新产品开发的初始明确需求(Dikert et al.,2016)。

3.4 开放式创新模式

关于创新管理的传统观点主张研发各部门是创新的主要来源,但这一观点受到了外部影响的挑战,例如金融科技的发展、竞争对手更快的步伐以及新的商业模式。公司过去依赖员工,主要是服务交付链中的员工,因为他们离客户更近。

3.4.1 来源:研发、员工和客户

上文的逻辑是,服务交付链中的员工更了解消费者的需求。无论创新的来源是什么,这些公司都会实施措施和战略,将新获得的想法和知识转化为差异化的产品。专利、商业品牌和版权是保护创新的一些工具,从而为公司获取价值。追求这种封闭式创新管理有3个原因:第一,希望从开发新产品中充分获利,而不是与其他公司分享利益;第二,仅销售专有产品和服务;第三,避免让外部各方参与创新过程,这将增加知识泄露的风险。这种向内看的方法最近受到了开放创新范式的挑战,因为这种范式依赖于寻找公司边界之外的想法和知识。

开放式创新脱离了公司外部的其他方能够提供新的见解以开发产品的假设。这些团体不仅包括领先的创新客户,还包括自由设计师、工程师和软件开发人员等。鉴于只开发一种简单产品的小型和敏捷创业公司的出现,银行开始寻找如何将这些敏捷开发嵌入其较慢的创新管道的方法。开放式创新出现的另一个促进条件是作为应用程接口的开源软件和相关技术的概念。开源软件的诞生源于组织对廉价、易定制和开发时间短的需求。团队不再依赖大型软件公司,而是开始在适应性强、可定制和可重用的小型软件中开发自己的软件,而不是购买一刀切的品牌软件。开源软件是公开提供的,因此其他各方也可以根据自己的需要进行定制。公司需要开发允许软件重用的内部软件仓库。除了这个想法,

应用程序接口是公司内部和外部松散关联的系统之间的连接部分。在操作层面，应用程序接口包含一组明确的业务规则，在这些规则下，数据被安全地交换。这种对所有企业的横向连接在金融业实现了新的功能，例如检查余额账户、授权支付和发放贷款。

更重要的是，在战略层面，开放创新可以被认为是一种新兴的动态能力，它可以重组资产和组织结构，以实现可持续的竞争优势（见第2章）。在这方面，就感知市场机会而言，开放创新活动可能包括识别和评估外部知识来源。为了抓住机会，活动可以包括制定与外部资源和治理机制合作的明确程序。对于业务转型，相关的活动指的是调整内部和外部思想来源的组合，发展跨公司合作的文化，并相应地调整组织流程（Bogers et al.，2019）。

实施开放创新战略可以通过多种方式实现。实施前要考虑的战略选择是指缔约方之间的参与程度和缔约方数量。因此，决策矩阵如表3－1所示。

表3－1　　　　　　　　　缔约方之间战略参与的类型

多方	专业网络/赞助社区	创新中介/竞赛
双方	合作伙伴	合同
双方	协作参与	交易参与

注：改编自Brunswicker and Chesbrough(2018)。

就多方而言，在专业网络中，员工参与网络，参与者在网络中自由交流和分享特定学科的知识，目的是实现共同目标。相比之下，一个受赞助的社区则会按照公司的规则行事，以实现一个内部目标。创新中介机构，包括专门提供技术解决方案的公司，它们相互竞争以获得报酬。而在竞赛中，个人和团队被邀请解决挑战并获得奖励。当只有两方参与创新努力时，合作方法可能涉及长期伙伴关系，其中信任和长期利益指导着双方共同努力，而交易方法指的是，定义正式知识共享流程和结构的短期合同（Brunswicker and Chesbrough，2018）。

3.4.2　开放银行业务

先前关于开放创新的想法已经为开放银行的概念开辟了道路，开放银行是一种通过程序、标准和技术框架运作的创新服务。例如，英国制定的开放银行标准基于三个标准：在数据趋势中，关于如何收集、存储和描述数据的规则在各方之间共享。应用程序接口标准定义了各方之间交换数据的规则。安全标准指的是在金融交易的所有环节维护数据完整性的做法。这三个标准基于一些治理方法,它们指导着管理决策,确保版权和知识产权归属,专利保护和许可(Bolotin,2016)。与使用行业标准(如国际标准化组织规则)类似,遵守开放银行标准的公司可以开发应用程序,以新的方式相互连接,从而实现更快和更具颠覆性的产品开发。重要的是,开放银行标准被认为是促进金融科技行业参与竞争的公共产品。

由于规则是开放的、共享的,对所有参与者都是平等的,不仅银行,就连金融业以外的初创企业和公司都可以交换客户的数据,这不仅给公司带来好处,也给消费者带来好处。例如,一家零售公司想要借款给客户,通常无法直接访问客户的财务数据,但在开放银行标准下,他们可以实时执行信用评分检查,这大大缩短了贷款流程。同样,公司可以将核心银行系统与会计系统连接起来,从而消除了许多人工流程,增加了金融产品的便利性。这意味着金融科技行业对来自其他行业的更多竞争持开放态度。从消费者的角度来看,这样做也有好处。例如,移动应用程序可以访问保险和信用卡等产品的相关价格和特征的公开数据,这为消费者做出购买决策提供了市场概况。同样,消费者可以访问自己的财务历史,并将其与个人目标进行比较,以更好地管理个人财务。最后,专门的公司通过将应用程序接口与这些初创公司轻松连接进行欺诈检测。这些例子揭示了金融科技公司如何利用开放银行标准开发创新的金融产品,从增量产品到颠覆性产品,从流程到产品创新。

3.4.3 金融监管对金融科技创新的影响

银行和金融实体已经成为商业世界中监管最严格的一批公司。2008年金融危机后,监管机构担心金融行为对整个金融行业有系统性风险,这种风险不仅会渗透到银行,还会渗透到整个经济体系。由于贷款、支付和汇款的货币交易涉及大公司、中小企业和个人,监管机构专注于分析金融行业对社会福利的影响,主要是为了防止金融危机或者至少防止其严重化。

监管对金融创新的影响可以分为以下三大类:

(1)无监管。市场上不存在监管,监管机构对金融行业采取的是"自由放任"的政策。这种情况出现在2008年金融危机之后,当时金融科技初创企业主要以新支付模式的形式蓬勃发展,旨在避免资金通过现有银行流通,从而避免高额手续费。根据该监管政策行事的公司无法开发创新产品并享有先发优势。市场缺乏监管会很快吸引新玩家进入,从而在监管政策颁布之前获得快速收益。通过这种方式,缺乏监管成为行业增长的驱动力,但同时,公司的财务、运营和声誉风险可能会被重新估计。此外,这种方法可能与开发具有强大架构创新成分的颠覆性产品有关。

(2)反应式方法。不符合最低财务标准的新产品和服务出现之后,金融行业开始受到监管机构的压力,监管开始成形。这可能会限制新竞争者的进入。而出现这种趋势是为了平衡消费者的广泛风险和收益。特别是在金融科技领域,当美国金融科技公司的财务欺诈案件开始出现时,这种趋势就出现了。其结果是加强了金融政策,如"了解你的客户"政策,并将加密货币与现有银行账户联系起来,而不是推广加密账户的替代市场。就创新而言,这种趋势可以与开发从颠覆性创新到增量创新的产品联系起来。

(3)积极主动的方法。这种监管方法认为,金融科技公司和监管机构可以共同努力,制定旨在保护消费者的标准,同时为公司留在市场上提供足够的动力。尽管这种方法在本质上可能对创新和金融业务更具限制性和长期性,但监管机构和行业在如何发展创新的同时应对系统性风险方面有着共同的愿景。这种方法可以与开放银行标准支持的更多增量模块化创新相联系。

管理者需要仔细评估监管和创新之间的相互作用,以实施战略,并将其与行业的生命周期阶段联系起来,因此对金融科技行业的整体看法有助于制定商业战略。而这个战略不仅需要考虑普遍的商业环境的监管情况,还需要考虑与商业环境的政治、经济甚至社会层面的相互关联。一般来说,监管层面与可能影响金融科技行业增长的更广泛的政治问题有关。例如,长期以来,人们一直认为金融科技对没有银行账户和银行服务不足的人群有很强的倾向性。然而,政治条件可能倾向于金融科技范围之外的不同,如政府激励。总之,监管战略的风险和收益及其与创新过程的关系之间存在权衡。由于金融科技行业在不同国家的增长有所不同,管理者们需要意识到选择和实施创新战略的增长阶段。图3—4总结了管理者们可以用来适应行业阶段的三种有用的方法。在金融科技行业的成长阶段,初创企业构思并开发新产品,与现有产品相比,这些新产品通常本质上是激进的,涉及架构变化。从监管的角度来看,金融监管缺失,企业家有足够的动力追求高风险的创新方法,并受益于前面讨论的先发优势。目标是在最短的

3 金融科技行业的企业家精神

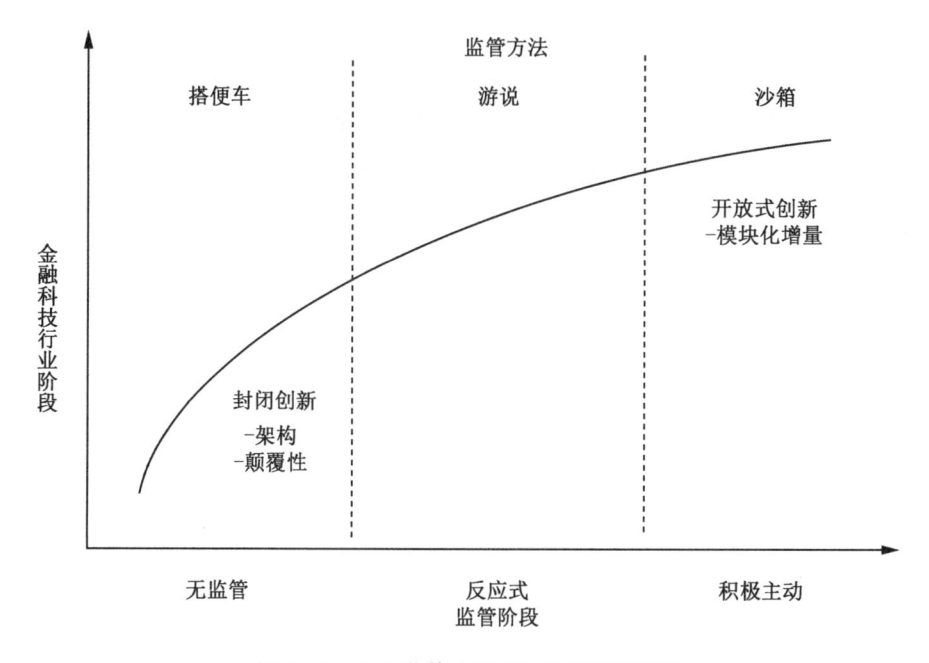

图 3—4　不同监管阶段下创新战略的框架

时间内推出新产品。创新发展战略基于封闭创新的范式：创新过程完全在内部进行，合作伙伴和供应商缺席。尽管有一个强有力的监管框架来降低进一步系统性危机的风险，但在 2008 年金融危机后，在大部分发达国家，金融科技行业几乎不受监管，这为公司开发竞争最小的全新产品铺平了道路。随着金融科技行业的发展，监管机构开始制定新的合规法律，以应对一些初创企业实施金融欺诈后出现的问题，以及增加对已知客户政策的合规监管，以防止洗钱和资助恐怖活动。随着法规主体开始增加，金融科技行业开始成熟。于是，初创企业可能会面临越来越严格的监管框架，这有两个影响：第一个是强加一个更高的成本结构，这可能会阻止初创企业将更多资源分配给创新过程。第二个是初创企业面临着在内部和外部创新来源之间做出选择的困境。管理人员可以找到一种双向方法，用于平衡监管要求和进一步创新的需要。在这一阶段，初创企业可能会对监管机构进行游说，以便它们能够提前了解新法规的实施情况，而不是修改监管方法，这些方法可能会实施阻碍盈利和利润的更高成本结构。最后，成熟的金融科技行业的特点是监管框架全面。虽然这种情况可能会阻碍高颠覆性产品的开发，但仍有可能继续开发增量和模块化创新，同时降低相关利润率。金融科技初创公司可以与监管机构密切互动，用短而快的开发周期来开发新产品。开放创新方法和敏捷开发方法开辟了使用沙箱的可能性,沙箱是允许测试小块应用程序的技术平台,这些待测试的应用程序有明确的边界,可以使用沙箱测试内部和外部风险。在成熟条件下,由于形成创新生态系统的战略配置不同,企业家似乎更适合开展创新活动,而不是依赖个人的努力和不断的创新。参见图 3-4 了解这一讨论的综合情况。

3.5 创业创新

开放创新战略依赖形成创新生态系统的大量互动。与这些相互作用并行的是,为提高创新绩效而展示的许多与融资活动作用互补的特征。

金融科技的参与者有不同的目标,为了完成不同的任务。创新生态系统中的一个关键角色是孵化器,孵化器的作用是提供有关产品开发方法的培训,并作为将筹资组织和有希望的价值提案联系起来的渠道。这些孵化器可以由大学赞助,主要在早期的创新过程中帮助企业家;孵化器也可以由现有公司赞助,作为创新其产品和服务的来源。特别是银行已经与新兴公司建立了创新网络,以拓宽它们的创新渠道,这一主题将在第 4 章中讨论。创新生态系统中的另一个关键角色是风险投资公司,它们向商业化范围和财务历史有限的公司提供融资,而这些公司通常无法从银行筹集资金。大学扮演着以技术为基础的企业家的知识来源、知识产权保护和早期构思过程的角色,这些过程可以成长为大学赞助的衍生公司。它们的相互作用导致了商业网络的形成,这些网络在企业家精神、创新和知识的融合中运作。也就是说,各方参与协作努力,并结合各自的优势开发以客户为导向的价值提案,这些提案的互动通过信息通信技术得以实现,从而降低协调和交易成本(Adner & Kapoor,2010)。

金融科技的许多特性是组织在创新方面表现如何的先决条件。第一,这些网络发展了能够实现资产流动的联系,主要是以金钱、知识和组织能力的形式。由于是由各方形成的网络,因此治理是基于共享的松散政策,而不是一个独特的治理实体。互动的强度和频率会导致形成协作努力的不同战略安排。因此,知识、金钱和能力在参与者之间流动的方式决定了创新网络的类型。第二,参与者的创业导向引发初创企业和大型现有公司的持续创业努力。他们对创业活动的战略努力,即在探索和开发可能产生收益或损失的不确定增长路径时,涉及高度创新性、冒险性以及进取的任务主动性、自主性和竞争性(Wales,2016)。由于创业组织嵌入了创新网络,创业导向可以通过传染效应和每个行为者的吸收能力传播。市场导向是企业家导向的一个补充因素,它能捕捉到行为和组织上的努力,从而比竞争对手更好地满足消费者的需求。从行为的角度来看,市场导向指的是产生、分享和回应市场情报的活动,而文化维度针对的则是培养消费者导向的组织规范和价值观(Kirca et al.,2005)。在他们的元分析中,Kirca等(2005)确定了市场导向在公司绩效的许多方面有积极的影响。市场导向对组织承诺和团队精神的影响最大,其次是对企业创新性和顾客满意度的影响,对销售和利润的影响则较小,但显而易见地,市场导向会影响公司的许多方面,因此不可忽视。定位显然会影响公司的许多方面,但经常会被忽视。与创业导向类似,市场导向可以在行为者之间扩散吸收。第三,知识管理是创新数字产品和服务的核心。由于知识是由大学和孵化器产生的,它也将作为创新的资源转移给企业家。当风险投资公司为创业分配不同数量的资金时,知识就被它们间接估价了。前三个因素会影响企业的创新和组织绩效。就创新绩效而言,企业可以发展创新能力,将管理、文化、规范和价值观结合起来,或者在金融业竞争,以获得市场份额、销售额和利润。从组织的角度来看,结果增强了内部和外部的协作和承诺,并改善了文化和工作氛围。创新和组织绩效的最后一个促成因素是供资行为体的作用。通过将金钱视为一种资源,创新生态系统能够在整个生态系统中调动能力和资源。它们的相互作用可以总结在图3-5中。重要的是,为了吸引资金,企业家需要考虑适合生态系统行为者的金融方法。下一节将介绍一种可能的方法。

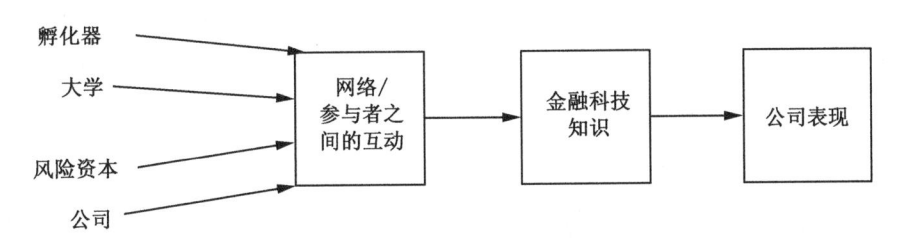

图3-5 创新生态系统中创业行为者之间的互动

3.6 缩放和退出值

创新金融科技项目会有高度不确定性,其估值需要反映监管和管理偏好的影响等因素,包括启动和取消项目的选择,以及等待和扩大项目的选择。实物期权估值方法更符合高度创新的金融科技项目和不断完善的法律法规(Lee & Shin,2018)。这些选择对金融科技决定与其他初创企业或大银行的合作或竞争有影响。在实物期权估值方法下,管理者有权(但不是义务)在一段时间内对项目进行选择。具体来说,这些行动可以是:(1)如果项目变得有利可图,将投资推迟到未来的一段时间;(2)取消一个无利可图的项目;(3)增加项目投资;(4)减少对一个开始亏损的项目的投资。为了描述项目可能遇到的所有可能选项,可以使用决策树来呈现项目的可能估值、可能的执行选项,并计算选项的价值。

下面的例子显示了一种实物期权估值方法(Lee & Shin,2018)两阶段决策的应用。假设一位经理对估算中小型企业集体贷款项目的多种选择的价值感兴趣,那么这家初创公司就可以充当市场贷款人,从一群个人投资者那里筹集资金,并为中小企业借款人提供贷款。假设该项目需要1 000万美元的投资,预计将产生300万美元的现金流,两者都在第0期,即P_0。成功的概率是0.6,这会带来40%的现金流增长。如果项目失败(概率为0.4),现金流将减少30%。预计每段时间的现金流增长率为15%。贴现率为每年5%。假设有两个周期,则该项目的最终价值为零。

通过在不考虑选项的情况下计算基准情景财务状况,每个期间P_0、P_1和P_2的净现值提供了－60万美元的净现值。图3－6为在不考虑实物期权估值方法的情况下评估金融科技项目的决策树。

在此,我们先引入一个选项,即如果项目显示盈利,管理者就有可能扩大项目。具体而言,该选项可以设计如下:

— 设定P_0期间有330万美元的投资,现金流为300万美元。

— 在第一阶段P_1,拓展项目,即投资第二轮330万美元,前提是它至少有300万美元的现金流。如果这个项目的收益少于200万美元,经理就不会行使选择权。

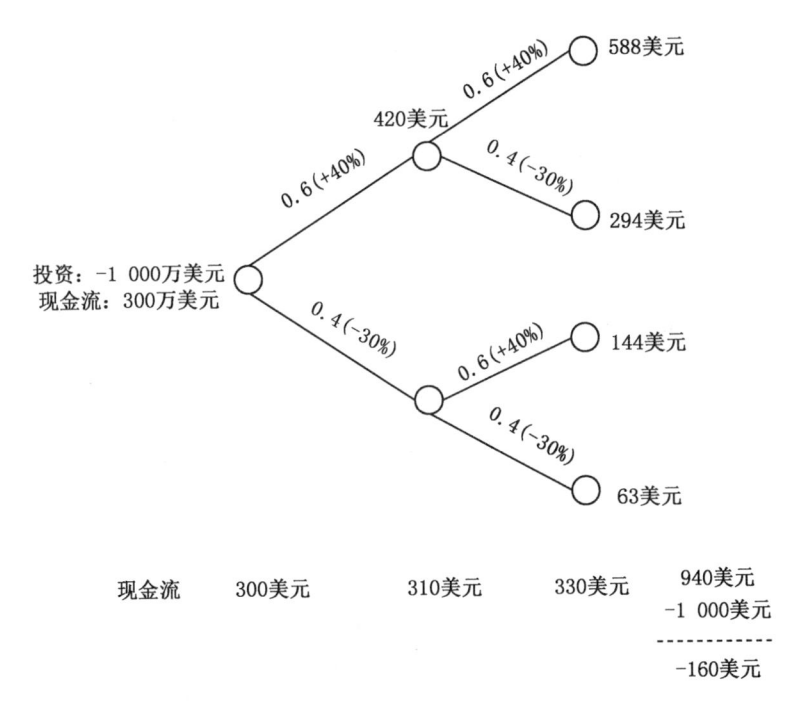

```
                                              0.6(+40%)
                                         420美元 ○ 588美元
                                    0.6(+40%)
                                         ○
                                              0.4(-30%)
                                         ○ 294美元
投资：-1 000万美元  ○
现金流：300万美元
                                    0.4(-30%)
                                         ○    0.6(+40%)
                                              ○ 144美元
                                              0.4(-30%)
                                         ○ 63美元

现金流    300美元   310美元   330美元   940美元
                                    -1 000美元
                                    ----------
                                    -160美元
```

图 3－6　评估无实物期权的金融科技项目

——在第二阶段 P_2，如果项目产生 350 万美元的现金流，可以通过投资第三轮 330 万美元扩大项目。如果项目产出低于 250 万美元，则不使用该选项。

经过计算，正净现值为 315 万美元，高于没有实物期权的项目。图 3－7 显示了考虑实物期权方法的金融科技项目价值的决策树。

尽管这是一个简化的模型，但考虑到其他影响哪怕有更高的成本或不断变化的监管，上述原则同样适用，即宽松的监管会降低金融科技的成本，并且促进公司与大银行的合作，而严格的监管会提高成本结构。而且，通过在实物期权估值方法下开展金融科技项目，经理和企业家有时间就未来几轮融资及其金额进行理想的谈判。此外，通过行使实物期权，管理人员可以为初创企业提供与收购相关的信息。最后，通过适当评估金融科技初创企业的金融投资组合，融资机构的经理可以选择和优化投资并管理风险。此外，如流行的布莱克—舒尔斯（Black-Scholes）项目估值模型，只要有基础资产价值及其方差的准确信息，就能很好地发挥作用。然而，如果关于金融科技项目的市场信息很少，结果将是低估项目方法的价值（Lee & Shin, 2018）。

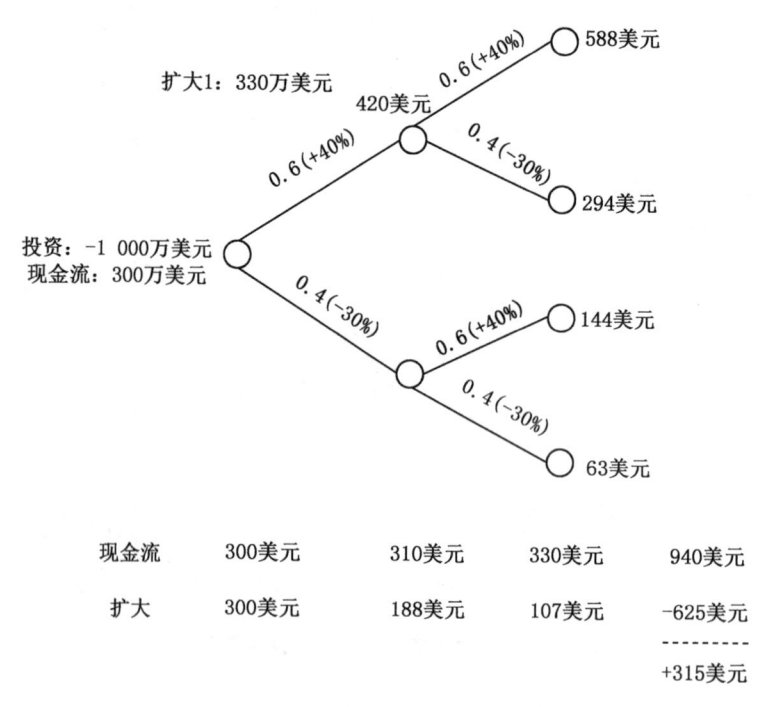

```
                                扩大1：330万美元

                                              0.6(+40%)    588美元
                                    420美元
                         0.6(+40%)           0.4(-30%)    294美元
         扩大1：330万美元

投资：-1 000万美元
现金流：300万美元
                         0.4(-30%)           0.6(+40%)    144美元
                                    
                                              0.4(-30%)    63美元
```

现金流	300美元	310美元	330美元	940美元
扩大	300美元	188美元	107美元	−625美元
				+315美元

图 3—7 使用实物期权评估金融科技项目

3.7 结 论

本章介绍了一些框架，这些框架使管理者能够实现不同类型的创新，以便他们能够展望竞争战略。金融、创业创新和技术之间的融合使得新颖的金融科技产品和完整的商业模式能够在金融行业发挥竞争作用。虽然大型传统银行依赖标准的阶段—关口流程，但新的敏捷设计和原型方法缩短了本地数字金融科技产品的上市时间。由于金融科技初创公司在进入市场时只依赖一种产品，因此他们受益于将初创公司视为一种财务选择，在财务价值最大化时，初创公司的价值可能会根据管理偏好进行财务管理。

参考文献

Abrahamsson, P., Salo, O., Ronkainen, J., & Warsta, J. (2017). *Agile software develop-*

ment methods: Review and analysis. arXiv preprint: arXiv: 1709.08439.

Adner, R., & Kapoor, R. (2010). Value creation in innovation ecosystems: How the structure of technological interdependence affects firm performance in new technology generations. *Strategic Management Journal*, 31(3), 306—333.

Bogers, M., Chesbrough, H., Heaton, S., & Teece, D. J. (2019). Strategic management of open innovation: A dynamic capabilities perspective. *California Management Review*, 62(1), 77—94.

Bolotin, L. (2016). *The open banking standard. Unlocking the potential of open banking to improve competition, efficiency and stimulate innovation.* Payment Forum UK. https://www.paymentsforum.uk/sites/default/files/documents/Background%20Document%20No.%202%20-%20The%20Open%20Banking%20Standard%20-%20Full%20Report.pdf. Accessed on July 28, 2020.

Brunswicker, S., & Chesbrough, H. (2018). The adoption of open innovation in large firms: Practices, measures, and risks. A survey of large firms examines how firms approach open innovation strategically and manage knowledge flows at the project level. *Research-Technology Management*, 61(1), 35—45.

Cooper, R. G. (2014). What's next?: After stage-gate. *Research-Technology Management*, 57(1), 20—31.

Cooper, R. G. (2017). *Winning at new products: Creating value through innovation* (5th ed.). Basic Books.

Cooper, R. G. (2019). The drivers of success in new-product development. *Industrial Marketing Management*, 76(1), 36—47.

Christensen, C. M. (1997). *The innovator's dilemma: When new technologies cause great firms to fail.* Harvard Business Press.

Dikert, K., Paasivaara, M., & Lassenius, C. (2016). Challenges and success factors for large-scale agile transformations: A systematic literature review. *Journal of Systems and Software*, 119(9), 87—108.

Henderson, R. M., & Clark, K. B. (1990). Architectural innovation: The reconfiguration of existing product technologies and the failure of established firms. *Administrative Science Quarterly*, 35(1), 9—30.

Khraisha, T., & Arthur, K. (2018). Can we have a general theory of financial innovation processes? A conceptual review. *Financial Innovation*, 4(1), 1—27.

Kirca, A. H. , Jayachandran, S. , & Bearden, W. O. (2005). Market orientation: A meta-analytic review and assessment of its antecedents and impact on performance. *Journal of Marketing*, 69(2), 24—41.

Lee, I. , & Shin, Y. J. (2018). Fintech: Ecosystem, business models, investment decisions, and challenges. *Business Horizons*, 61(1), 35—46.

Maital, S. , & Seshadri, D. V. R. (2012). *Innovation management: Strategies, concepts and tools for growth and profit*. Sage Publications India.

Nielsen. (2018). *Three common causes of innovation failure*. Nielsen Insights. https://www.nielsen.com/us/en/insights/article/2018/three-common-causes-innovation-failure/. Accessed on July 13, 2020.

Osterwalder, A. , Pigneur, Y. , & Tucci, C. (2005). Clarifying business models: Origins, present, and future of the concept. *Communications of the Association for Information Systems*, 16, 1—25.

Ries, E. (2011). *The lean startup: How today's entrepreneurs use continuous innovation to create radically successful businesses*. Crown Business.

Si, S. , & Chen, H. (2020). A literature review of disruptive innovation: What it is, how it works and where it goes. *Journal of Engineering and Technology Management*, 56(2), 1—21.

Spender, J. —C. , Corvello, V. , Grimaldi, M. , & Rippa, P. (2017). Startups and open innovation: A review of the literature. *European Journal of Innovation Management*, 20(1), 4—30.

Storey, C. , Cankurtaran, P. , Papastathopoulou, P. , & Hultink, E. J. (2016). Success factors for service innovation: A meta-analysis. *Journal of Product Innovation Management*, 33(5), 527—548.

Wales, W. J. (2016). Entrepreneurial orientation: A review and synthesis of promising research directions. *International Small Business Journal*, 34(1), 3—15.

Wang, S. , Cavusoglu, H. , & Deng, Z. (2016). Early mover advantage in ecommerce platforms with low entry barriers: The role of customer relationship management capabilities. *Information & Management*, 53(2), 197—206.

第二部分

探索和利用金融科技的机遇

4 金融科技和金融业的动态

4.1 金融业

  如果产品之间有足够的差异,并且关注消费者,市场就会被认为是有竞争力的。在新古典经济学的观点下,当一个市场中有许多生产者竞相供应消费者所需的商品时,市场就是有竞争性的。竞争性市场依赖于一系列假设,但在考虑金融行业的当前特征时,这些假设需要被重新评估。第一个假设,有大量的生产者和消费者,他们都不能影响市场上交换的商品的价格和数量。第二个假设,各方都有关于价格的对称信息,也就是说,各方都知道所有竞争对手销售产品的价格点。同样,所有消费者都知道正在销售的商品的所有价格点,因此他们可以根据增加经济效用的选择做出购买决定。第三个假设,各方之间没有交易成本,因此,商品在市场上自由流动。第四个假设,没有进入或退出市场的障碍,竞争对手只要能获得利益就可以进入市场,如果预见到可能招致损失,就可以离开市场。还有一个潜在的假设是,所有的生产者提供几乎相同的商品,仅有很少的变化。但通过对世界上几乎所有金融业的快速回顾表明,这些假设很难成立。总体来说,金融业可以表现为一个集中的行业,只有少数具有强大市场力量的参与者。也就是说,尽管受到监管,但银行传统上有权向消费者规定商品价格。银行不仅给商品定价,也给风险定价。导致2008年金融危机的原因之一就是银行给次级抵押贷款设定了错误的风险价格。在实际环境中,银行被要求保持最低限度的资本,以吸收任何意外提取的资金,这意味着特定的成本结构阻止了一些竞争对手进入市场。就产品和服务而言,监管可能被视为一种障碍,但正如上一章所讨论的,公司可以实施一些战略,利用稀缺资源进行创新。

4.2 传统动态:现有企业

金融业只由大银行和保险公司组成。传统银行的定位是为物理分支机构的客户提供服务,最近则主要通过移动应用程序进行支付管理。在付款的情况下,银行从客户那里收到现金,并将其存入储蓄账户或支付信用卡或其他信贷。此外,客户可以利用该银行作为中心,管理对其他方和服务提供商的支付。这些金融服务是由嵌入官僚机构的信通技术传统系统提供的,需要时间根据监管机构的框架来进行更新和修订。客户注册流程要素有纸质表格、合同和手写签名。传统银行的明确定位是遵守操作流程和监管,而不是关注客户需求。之前的银行—客户动态对传统银行而言,意味着维持一个拥有缓慢转换行为的庞大客户群,以抵消大银行沉重的固定成本。考虑到规模、公司之间的互动以及对经济稳定的影响,金融监管在更大程度上考虑了经济稳定,而不是行业和产品消费者的风险水平。

4.3 变化的动态:新的金融科技参与者

金融科技范式改变了金融和非金融竞争对手的数量。上一章中讨论的创新和技术力量为创建具有独特功能的金融科技初创企业铺平了道路,这些初创企业可以快速进入金融行业。

例如,线上银行(完全移动的银行)已经开始在发达市场和新兴市场激增,它们有时被称为挑战者银行,因为它们密集使用开放和模块化架构、人工智能信用评分和云计算等技术,通过比传统大银行更快的运营效率,发展竞争优势。作为一种基于移动通信技术的价值主张,线上银行涉及银行服务的便利化,因为银行是通过移动应用程序访问的,而不是通过实体分行。虚拟银行可以在不到两年的时间内开发全新的支付系统,推出自营信用卡和借记卡,并遵守现有法规。在线上银行的价值主张中,提供了更高水平的收费、佣金和利率透明度,以及大胆的客户导向(Ryan,2019)。注册流程完全基于数字,一次性密码取代了手写签名。由于信通技术提供商已经在软件即服务和数据即服务(SaaS 和 DaaS)上实现了商业模式,即用户只为他们使用软件的时间和处理的数据量付费,因此通信技术的成本可变。线上银行不像传统银行那样关心客户维护的余额账户,且获客成本较低。因此,线上银行拥有技术带来的商业模式成本效率和更方便的细分市场产品,但它们可能缺乏相关的法规知识(取决于业务所在的国家),了解你的客户(KYC)政策可能需要实物证明才能开立新账户,因此会涉及与客户的摩擦。印度拥有数字钱包的公司都经历过这个问题。最初,作为促进快速渗透的一种方式,所有数字钱包都被允许以最低的合规性进入市场。一旦交易量足够高,就开始出现对洗钱和客户身份的担忧。印度储备银行要求金融公司对所有客户的官方身份进行实物检查,以便他们能够遵守 KYC 的政策继续交易。如果不遵守这一要求,客户将被禁止从事金融业务(*The Times of India*,2019)。这个问题很难解决,印度储备银行后来推出了一种 KYC 要求较低的工具,每月交易限额为 10 000 卢比(约 135.00 美元)(Entrackr,2020)。

此外,金融科技公司已经实施了银行即服务(BaaS)的最新业务模式,为非银行公司提供银行后端服务,旨在增强其具有银行功能的产品。这种商业模式不仅吸引了专注于金融领域的公司,也吸引了行业外的公司开发金融科技产品。例如,苹果、谷歌或阿里巴巴和其他基于平台的公司开发了主要基于支付系统的产品,集成到它们的在线商店中,从而享受技术的效率,并避免向传统银行支付高额交易费。从前,传统银行和线上银行支付的案例曾经重塑了金融业的边界,现在包括了传统银行、线上银行和金融业的局外人。

从现有银行的角度来看,决策矩阵有助于描述可行的场景,通过考虑新进入者的破坏性,实现与新兴金融技术的战略互动。具体来说,颠覆性商业模式可以用两个变量来衡量:银行认为新的金融科技竞争对手构成威胁的程度,以及金融科技进入者的商业模式对技术的依赖程度。这两个维度产生了具有四个象限的决策矩阵(Anand & Mantrala,2019)。第一象限源于感知低水平的进入威胁和低水平的技术使用。在这种情况下,银行可以察觉到整体威胁,管理层的反应可以是对进入者采取任何战略反应。在第二个象限,高水平的技术使用与高水平的威胁相关联,银行可以选择与进入者结盟。第三象限考虑高威胁水平和低技术使用,银行可以考虑在内部开发新产品,而不是通过与进入者的联盟进行采购。最后一个象限指的是高感知威胁水平和高技术使用率,这可能对银行的影响较大,因为这个的干扰程度是最大的,银行可以通过考虑杠杆收购甚至退出市场来应对这种情况。

4.4 金融科技进入战略

总之,需要考虑的问题是金融科技和银行产品是互补的还是替代的,因为几乎每一种产品都会对所有参与者(新进入者和现任者)产生战略影响。这个答案取决于创新的战略观点以及财务和营销问题。金融科技初创公司通常以较小的交易规模、财务规模和客户群进入金融行业。从现任者的角度来看,战略决策可以是"什么也不做",因为新进入者相对较弱,不值得制定旨在捍卫细分市场或产品定位的整体战略。从创新的角度来看,金融科技可以被视为渐进式或激进式创新。关于渐进式创新的方法,一些人认为金融科技是金融服务的逻辑演变,它提高了金融行业的竞争力,并提供了传统银行表现不佳的金融服务。从某种意义上说,"金融科技提供了一种更有效的方式来做同样的旧事情"(Navaretti et al.,2018,p.9)。此外,他们认为,现有银行可以采用技术创新,并利用新技术自行提供同样的旧服务。支持这一观点的一个例子就是支付系统:虽然银行分支机构传统上被视为支付中心,用于账户之间转账以及支付购买和服务的费用,但随着贝宝(PayPal)作为一种便捷的支付系统进入市场,使得金融科技初创公司扩大了银行的支付系统。支持这一观点的一些人认为,金融科技提供了与银行相同的服务,但方式不同。也就是说,虽然银行可以交叉销售储蓄账户、信贷和保险,但金融科技只专注销售一种产品,这使得它们无法实现范围经济,也无法向客户提供广泛的产品。

还有一种观点与前一种观点相反,认为金融科技是不合理的创新。也就是说,金融科技进入者彻底改变了金融行业的动态,改变了传统前沿,改变了进入和退出壁垒。例如,Gimpel等(2017,p.3)将金融科技初创公司打造为"利用互联网、移动计算和数据分析等数字技术来实现、创新或破坏金融服务"的公司。从这个角度来看,初创公司的特征可以根据金融科技产品的破坏性属性来区分,主要是交互性、数据管理和货币化模型。第一,客户和金融科技之间的交互性包括内容定制和内容交付、混合等维度,即金融科技基于纯数字产品提供价值主张的程度,无论它们是否还包括相关物理产品,如信用卡或借记卡。第二,数据管理是金融科技初创公司使用的方式,主要是指时间跨度(短期、中期或长期)、类型使用(留存管理记录或预测客户行为)和管理的数据类型(结构化数据)。第三,货币化模式可能涉及支付时间表,即客户是否根据交易、时间段或是否免费而被收取费用。金融科技服务货币化的另一个方面涉及使用广告而不是费用,即不向客户收费,但初创企业从向客户群投放的广告中获得收入。第四个方面是谁为服务付费,即合作商业伙伴的客户(Gimpel et al.,2017)。

还有一种类似的观点认为,金融科技进入者的破坏性影响是由许多特征造成的:商业模式和市场机制、银行的非中介化、一次只为一个细分市场服务、使用跨境创新以及共享技术基础设施(Gomber et al.,2018)。在这方面,金融科技实施的商业模式开始依赖较低的费用,并偏离了将差别信贷利率视为主要收入来源的标准假设,同时提供了便利性和普遍性等增值属性。金融科技彻底改变了帮助市场交叉供求的机制。信用贷款完全可以通过人工智能算法进行分配,更多的人可以实时交易股票,保险金融科技根据动态变化的变量分配费用。技术基础设施的共享与开放创新和开放银行的基本理念密切相关。使用前面的元素意味着金融服务的传统属性和金融科技参与者提供的属性可以相互替代。因此,前一种观点认为,现有银行和新进入者实际上是在竞争,以替代价值主张进入金融市场并发展壮大。

第三种方法认为,金融科技和现有公司都可以同时在某个业务层面产生替代效应,并在其他层面产生资源互补效应。这种方法通常被认为是合作竞争。例如,一家大型银行与一家金融科技初创公司合作,以加强个人贷款流程,而它们在中小企业领域仍是竞争对手。

4.4.1 进入市场

随着金融科技第一次进入金融行业,之后它们便开始涉足不同类型和规模的市场。作为进入市场的第一步,金融科技从它们的专业价值主张出发,开始专注于细分市场。细分市场通常指的是市场的狭窄部分,金融科技通过寻找具有特定属性组合的产品,以满足独特的需求或解决问题(Kotler,2003)。从客户的角度来看,细分市场是具有相似需求的消费者小群体,它们愿意为满足其需求的增强产品支付溢价。从竞争的角度来看,细分市场作为一个小市场不太可能吸引竞争对手,但是,它们对于初创企业仍然是一个有吸引力的目的地,因为尽管规模小,但初创企业仍可以获得利润,从而开始进一步增长。细分市场可以通过两种方法来确定。第一种方法是借用市场文献,自上而下的方法。从考虑整体市场开始,然后将其划分为具有相似人口统计、心理图形和产品相关特征的消费者的更小的子群体(Shani & Chalasani,1992)。这意味着用不同的产品迎合不同的需求,因此,对每个细分市场实施不同的营销方法。第二种方法是自下而上的定位,包括寻找产品有价值的小规模客户群体,并逐步寻找产品需求满足的更大细分市场。这种方法使用单一的营销计划在增长的早期阶段解决单一的细分市场。

4.4.2 在市场中成长

随着金融科技公司开始增长并达到中等规模,这使得它们在现有的市场监测中变得突出。由于市场已经被现有企业占据,它们之间的相互作用可以用新进入者决定如何应对以确保增长为导向的战略决策来描述。金融科技初创公司可以采取的一些步骤包括通过使用安索夫矩阵(Ansoff matrix),从产品和市场的角度来制定(Meldrum & McDonald,1995):

—市场渗透率。这一战略要求公司继续专注于其现有产品和服务的初始市场,以追求市场份额目标。这些目标可以通过向现有客户有效销售更高数量的产品及服务或寻求转换竞争对手的客户来实现。从风险的角度来看,这种策略风险最小,适合已经发展很好的销售价值主张。

—产品开发。这一战略包括开发或增强新的价值主张,通常是扩展产品线。产品线可以垂直延伸到市场的更高端或更低端,或者水平延伸,填补现有产品线的空白。如前几章所述,产品开发可以与渐进式或颠覆式创新相联系。

—市场开发。这一战略指的是触及目前无人问津的细分市场。现有的产品线可以以目前的形式提供,也可以稍加调整,以更好地满足新市场的需求。对于新的目标细分市场,该产品是全新的产品,因此现有产品可以更容易地投放到新市场中。

一多元化。这一战略包括用新产品进入新的细分市场。这是风险最大的策略，因为产品和市场这两个变量都被转移了。新产品可以在内部开发，也可以通过并购获得。产品方面的一个挑战是新的产品需要融入现有的产品线，也就是说，经理们应该找到新的产品。市场方面的挑战是新产品组合应根据新细分市场需求进行评估。

由于金融科技通常只开发一种产品来进入一个市场，安索夫矩阵有助于动态评估初创企业如何从增长战略阶段过渡到市场渗透阶段，然后通过开发新市场进入其他细分市场。产品开发可以成为更成熟增长的后续途径，因为它需要更有效地利用资源。最后，考虑到所涉及的高风险，多元化通常是大公司而不是金融科技所追求的战略。

4.5　竞争性反应

金融行业的现任者享有许多难以建立的优势。例如，它们属于监管机构资本要求所赋予的高进入壁垒行业。它们也享受少数提供类似产品的参与者的竞争。另一个优势是，现任者拥有一个客户群，只要法规允许，它们就喜欢竖起壁垒，向客户退出。现任者对新金融科技参与者进入的反应方式可能受到许多市场和战略因素的影响，在进行特定类型的战略反应之前，需要参考风险和业绩对这些因素进行评估。

4.5.1　竞　争

与新古典经济思想不同，这种开创性的战略思维认为竞争是市场动力的根本来源。在这种范式下，市场结构是促使参与者进入、退出和参与同一个市场的潜在因素，因此要将价值提案视为关键资源。例如，在完全竞争市场中，假设所有参与者向同一市场提供相同的产品，公司就会在相同价格和相似边际成本的基础上竞争。相反，如果垄断公司作为唯一参与市场的公司，就可以不计边际成本收取高价。在金融科技出现之前，金融市场更像是一个寡头垄断市场，少数公司拥有市场支配力。在这种情况下，一个竞争对手的价格变化不仅会导致这家公司的利润下降，也会导致其他公司的利润下降。这种现象导致参与者之间高度的相互依赖。因此，在寡头垄断行业经营的管理者们需要对其他公司的反应有高度的认识。大公司已经习惯了这些类型的行为，但初创公司可能缺乏这种必要的意识。现有银行和小型金融科技初创企业之间的企业规模不对称，使得大公司无视任何进入者，因为初创公司的规模相对较小，因此它们的竞争威胁被视为无效。现有企业只看那些规模相似、在同一市场竞争的企业，这可能会导致战略近视。这种情况是现有企业的现状选择。不管金融科技初创公司推进的创新类型如何，大公司对金融科技的竞争反应取决于威胁的大小。在这种情况下，大公司反应可以是无视，因为初创企业规模太小，只能收获市场和消费者的极小一部分。现有企业认为对它们做出反应是不可行的，因为开发新产品的成本可能高于收获的利益。另一方面，金融科技初创公司在吸引资金和寻找最低临界客户数量以获得市场吸引力时可能会面临困难。

4.5.2 协作

第二个战略路径是合作。与之前关于创新框架的讨论一致，如果将金融科技进入者视为增量创新，那么金融科技参与者和现有银行之间可能会出现资源互补。从某种意义上说，银行和初创企业可以共同努力，部署各自拥有的资源，形成一个具有更高影响力的独特价值主张。现有企业最近为培育金融科技孵化器所做的努力标志着这种战略互补，即每个参与者都参与提供一种稀有资源。例如，金融科技的进入者可以提供更简化的支付流程，银行可以提供广泛的客户基础。金融科技的好处是，与没有合作的情况相比，它可以达到更高的细分市场。对现有银行的好处是，它们可以提供更新的支付服务。从战略角度来看，这种努力可以被视为合作，参与者可以在关键资源互补的基础上建立关系。这种竞争反应可以被视为一种采纳/适应策略。金融科技可以许可技术或将技术嵌入市场和运营业务流程，甚至可以向现有银行出售其技术或完整的初创企业。

4.5.3 合作竞争

资源永远不可能是完全的互补，使公司在其市场的任何单一流程或产品线中进行合作。同样，资源也不是完全的替代品。由于存在不同程度的互补性和可替代性，金融行业的公司可以选择或开发一种双向战略方法。商业理论家认为，在竞争和合作的需求之间摇摆就像钟摆一样。然而，最近的一种方法受到了关注，它让公司之间在一个维度上竞争，同时在另一个维度上合作，即合作竞争。

前几章已经将当代金融业描述为现代金融产品和服务、创新技术发展和企业愿景融合的结果。鉴于这种现状,即现任者和初创企业进入同一个市场,而不是采取二分法来获得可持续的竞争优势,即认为两种相反的观点可以同时实施,以利用商业机会并减轻威胁。

使用合作竞争方法是因为公司之间存在不对称,如知识的流动、供应链的参与和国际竞争问题的管理(Bouncken et al.,2015)。例如,在知识方面,一家缺乏如何开发评分算法的具体知识的公司,面临着内部构建或走向市场并从一家已经测试了该算法的初创公司购买的决定。虽然这些公司可能在技术方面进行合作,但它们仍在同一个市场领域竞争,因此,它们同时具有竞争和合作战略伙伴关系。一个例子是绿点公司(Green Dot),它向优步等公司提供银行平台应用程序接口服务,以处理支付,并允许创建基于数字的借记卡和信用卡,同时提供线上银行的完整服务。国际商业合作也可以解决类似的问题。如跨国公司可以与当地公司联络,这样它们就可以高效地提供金融科技服务,还可以在反垄断法规严格的地方竞争。合作竞争战略有很多好处,比如达到规模经济,降低和分担风险,缩短产品开发周期。合作竞争战略也有一些缺点,比如技术风险,即知识产权的丧失,对共同努力的控制的丧失,以及对管理思维的挑战(Gnyawali & Park,2009)。总的来说,合作竞争需要团队的明确分离,从知识、公司间交流和合作团队的期望结果方面管理战略的竞争维度,并根据相关目标管理团队。战略选择(合作还是共同竞争)有必要对概念进行更细致的分析,以理解联盟的复杂性,这将在下一节中讨论。

4.6 金融科技联盟作为增长战略时需要考虑的因素

随着越来越多的金融科技初创公司以独特的资源、商业模式和价值主张进入金融行业,这些资源、商业模式和价值主张可能会补充、替代或与现有的大公司合作,了解这些金融科技初创公司如何在金融市场上寻求增长机会的需求至关重要。由于初创企业通常占据市场优势,致力于满足少数消费者需求的特定价值主张,它们可以进一步努力寻找更广阔的市场。实现这一目标的一个方法是优化利用它们已经拥有的独特而稀有的资源。然而,通常情况下,公司需要利用其他方拥有的资产。也就是说,初创企业可以寻找、选择和与合作伙伴合作,这些合作伙伴可以为金融科技初创企业增加资源、知识、技能和运营效率,总体目标是为所有合作伙伴创造价值并实现竞争优势。

建立战略联盟比处理单个公司要复杂得多,因为业务关系中存在着变数。因此,一个评估在寻找、决定、选择、共事和监控绩效过程中出现的相关变量的框架对金融科技行业的管理者是有用的。考虑到大银行和金融公司与新的金融科技进入者之间各方面的不对称,这个问题变得更加突出。虽然起初这些差异可以被认为相对不利于金融科技初创企业,但它们其实也能带来好处。

初创公司和成熟公司之间的比较可以从许多角度来进行。如内在因素和联合因素(Das & He,2006)。内在因素是那些可以将一个组织定义为独立于其他组织的因素,而联合因素是指战略伙伴关系持续时的差异。有几个因素可能与金融组织有关:(1)资源,小型初创企业可能会面对新的挑战(Stinchcombe,1965),即缺乏金融、运营和营销资源,相比之下,成熟的公司是流畅和有能力部署这些资源的;(2)小公司比其成熟的同行更具创新性;(3)就历史、声誉和力量而言,小公司的地位低于成熟的公司;(4)小公司的组织设计通常涉及更扁平的结构,更流畅和水平的沟通,以及灵活、非正式和集中的决策风格,而老牌公司本质上是等级制的,沟通是纵向缓慢的,决策是分散的,是基于长期战略计划的;(5)小公司的业务重点是推出和增长周期短的产品和服务,老牌公司依赖规模经济和范围经济,速度较慢。

当一家初创公司考虑与一家现有公司结成战略联盟时,其他因素之间的差异就会发挥作用,并可能决定合作的结果。

(1)对技术的控制。现有公司主要依靠内部进行的增量创新,当它们评估颠覆性创新时,它们会寻找外部合作伙伴。这样做的通常方法是尝试获得技术,并最终将其嵌入自己的操作中。同样,由于金融科技初创企业通常依赖颠覆性创新来开发一种产品或服务,因此它们也有兴趣留存对自己技术的控制权。

(2)对技术的信心。创业型初创企业对自己的技术有很高的信心,甚至会表现出行为偏差,因为禀赋效应使它们更看重自己的技术,而不是别人给它的估值。相比之下,现有公司可能会对新技术持怀疑态度,并可能希望观察到在联盟中应用这些技术的快速好处。

(3)组织间接口。成熟的公司有几个管理层,联盟通常由高层管理人员签署,由中层管理人员监督,由低层管理人员运作。相比之下,在初创企业中,签署联盟的同一批管理人员通常还需要监督甚至是运营联盟。鉴于管理人员的角色不对称,这种在活动和权力水平方面的组织冲突可能导致联盟难以管理的困难。

(4)结盟的关键性。这一因素与联盟对于公司延续的重要性有关。至于初创企业,由于缺乏运营、市场和声誉资产,有时加入联盟可能是一个生存问题。相反,对于现有公司来说,即使合作失败,加入联盟也不意味着生存,因为它们在市场上可能有更多的选择来取代失败的联盟。

(5)战略目的。对于初创企业来说,加入联盟时的战略困境是找到增长的推动力。然而,对于大公司来说,战略选择是指产品多样化或扩展它们的一些产品线。其他战略目标可能是阻止竞争对手参与初创企业,从而形成对竞争对手的竞争优势。

(6)承诺的一致性。鉴于以上差异,初创企业很可能表现出对战略联盟的高度认同,但对于现有企业来说,这种认同必须考虑内部政治和相关人员的看法,如果引入其他人的技术,他们可能会产生被取代的担忧。

虽然上述差异可以为在组建战略联盟时提供战略层面的信息,但也有必要考虑到,所有这些因素都与所有联盟都涉及不同程度的风险这一事实交织在一起。特别是形成联盟所产生的风险,这种风险有两种表现形式:关系风险和绩效风险。

风险的总体定义是结果不确定性的度量,关系风险反映联盟中各方未能遵守承诺的概率。各方比联盟更关心自己的公司情况。误导信息、交付低质量产品或服务,甚至获得合作伙伴资产的所有权,都是这种可能侵蚀联盟的机会主义行为的症状。这种风险是联盟固有的,在市场中凭借自身资源成长的公司更容易经历这种风险。然而,即使各方都致力于联盟的成功,失败的风险仍然存在,这种风险不同于关系风险。该风险被视为绩效风险。在处理联盟问题时,预期需求的变化或竞争对手的崛起、监管的变化以及各方能力的缺乏都会带来绩效风险(Das & Teng,1999)。

4.7　金融科技联盟机会评估框架

为了评估战略联盟作为金融科技—金融业成长路径的成功概率,可以制定一个框架来进行评估,包括现有企业和初创企业的生命周期、参与程度以及联盟各阶段的时间跨度。联盟生命周期中的关键里程碑是选择合作伙伴公司、启动联盟、运营联盟和评估结果,这些将在下面从金融科技初创公司寻找现任合作伙伴的角度进行讨论。

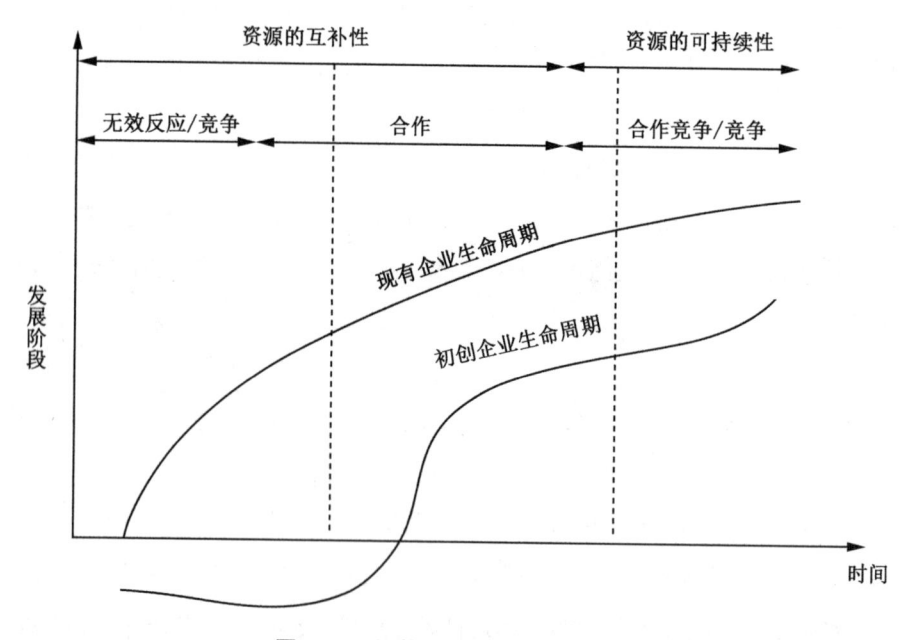

图4-1 评估金融科技联盟的框架

根据图4-1,现有的金融公司可能是非常长寿的公司,通常处于成熟阶段。尽管增长可能不高,但它们在储蓄、个人信贷、贷款和投资方面有许多产品线。它们主要关心的是保持广泛的客户基础,并根据财务回报管理适当水平的风险。相反,金融科技初创公司可能处于启动阶段,在大量数字和人工智能技术的支持下,某个金融领域的单一新产品可能会在最近被引入市场,瞄准一个小市场。在这个阶段,现有公司和金融科技公司通常在竞争条件下运营,但金融科技初创公司可能太小,不足以让现有公司注意到其市场份额受到的任何损害。这种不同的生命周期提出了一个问题,即每一方给联盟带来了什么?在选择外部合作方时,解决这个问题首先需要在资源和战略目标方面找到战略契合点。如第2章所述,这些资源可能涉及市场、实物或知识资产。从金融科技初创公司的资源角度来看,它可能愿意通过提供基于技术的产品,利用大公司拥有的广泛客户群,而该公司可能希望嵌入一种解决方案,在瞄准无人管理的细分市场时带来更高效的流程。鉴于公司规模和在生命周期中的不同地位,就战略目标达成协议可能更加困难。因此，清楚地确定资源的互补性是至关重要的，这样双方才有意愿进行联盟。如果找到互补，那么双方可以概述联盟的具体条款并开始运作。在这些初始阶段，资源的调动是通过各方之间交换信息、探索和利用市场机会、技术以及专注于达到过程效率来实现的。通过采取合作的方式，双方在信任的同时发展关系。在公司层面，信任表现为各方对既定期望的遵从。为了满足期望，关系交换中可能存在两种潜在的影响：一种是履行承诺的实际能力，另一种是遵守承诺的更微妙的善意（Das & Teng, 2001）。联盟发展的第三步是评估其结果。无论是短期的跨国家参与还是长期的各方深度参与，联盟的成果主要是指合作方式。通过合作，现有企业和初创企业可以获得预期的互补资源。然而，有必要考虑可能利用合作的各方的自身利益。合作的结果是，一家初创企业可能会获得牵引力，从而在与现有企业谈判时获得更高的市场影响力。这种初创企业的增长也使金融科技与现有企业保持距离，并将其置于第二阶段竞争方法或合作竞争方法中。图4-2以图形方式总结了现有企业和初创企业在生命周期阶段的相互作用。

在管理联盟的管理选项方面，图4-2显示了两个关键变量：参与联盟的程度和时间跨度。在参与度较低的短期关系中，合同可以包含各方资源调动的所有详细说明。这份合同可以通过预先设定明确的预期来降低关系风险和绩效风险。如果参与程度更高，也就是说，如果有兴趣获得通过关系创造的资源之一，孵化器和加速器可能是一个很好的管理匹配。虽然预测金融技术的成功很难，但通过孵化和加速初创企业，现任者学会了如何展望可行的技术，并在成功可能性高的技术产品组合中进行选择。这样，就可以从短期象限向长期象限进行动态转移，在该象限中，合并或收购初创企业适合实现现有企业的战略目标。从被收购的初创公司的角度来看，它必须考虑失去控制权和获得更多资源和市场之间的权衡。而现有企业的类似工具是参与初创企业的股权。这让现有企业在了解技术的案例使用时能够参与决策。最后，如果有一个长期的联盟方法，即各方可以参与一个合资企业，其中，除了合同关系，还有承诺和嵌入的资源转移。当建立了信任，并且努力提高了运营效率，更好地利用了技术，并且联盟有了更多的市场空间时，各方就可以对联盟进行管理。

联盟的时间跨度

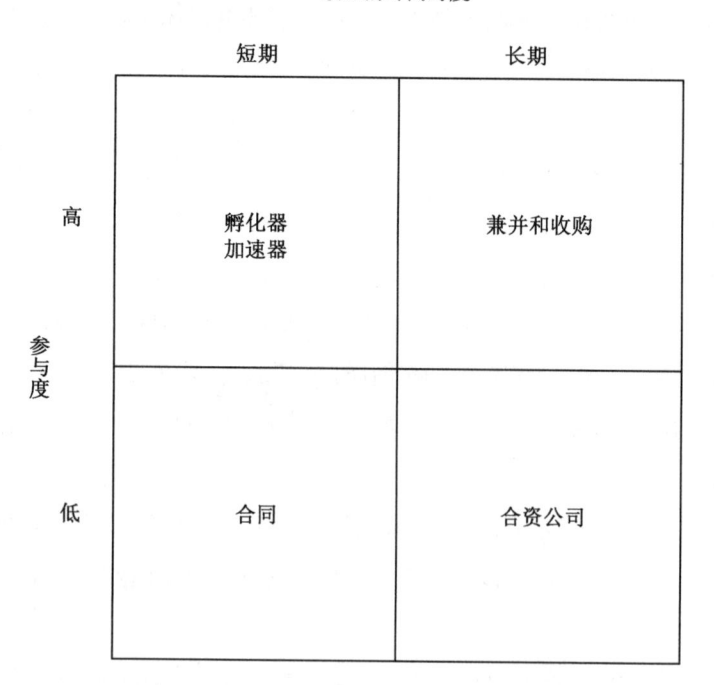

	短期	长期
高（参与度）	孵化器 加速器	兼并和收购
低	合同	合资公司

图 4—2 选择特定类型金融科技联盟的决策矩阵

4.8 结　论

　　金融科技的世界是不对称的，除了老牌公司与新兴金融科技初创公司之间的所有差异，管理者们也有一系列战略方法和工具来指导他们推进增长战略。金融科技领域提供了为数不多的机会，可以利用独特而稀缺的资源作为一种定位方式，不仅能与强大的公司竞争，还能携手并进。通过参与战略联盟，各方可以构建市场机会并利用资源，这样双方都可以获得利益。竞争、协作和合作竞争的双重性方法提供了一系列战略选项，可以更好地与金融行业的其他公司和零售业的新进入者打交道。寻找资源互补性可能是金融科技发展的选择之一。

参考文献

Anand, D. , & Mantrala, M. (2019). Responding to disruptive business model innovations:
　　The case of traditional banks facing fintech entrants. *Journal of Banking and Finan-*

cial Technology, 3(1), 19—31.

Bouncken, R. B. , Gast, J. , Kraus, S. , & Bogers, M. (2015). Coopetition: A systematic review, synthesis, and future research directions. *Review of Managerial Science*, 9(3), 577—601.

Das, T. K. , & He, I. Y. (2006). Entrepreneurial firms in search of established partners: Review and recommendations. *International Journal of Entrepreneurial Behavior & Research*, 12(3), 114—143.

Das, T. K. , & Teng, B. S. (1999). Managing risks in strategic alliances. *Academy of Management Perspectives*, 13(4), 50—62.

Das, T. K. , & Teng, B. S. (2001). Trust, control, and risk in strategic alliances: An integrated framework. *Organization Studies*, 22(2), 251—283.

Entrackr. (2020). *Mobile wallets can retain non-compliant KYC users through low KYC PPI norm*. Entracke news website. https://entrackr.com/2020/02/mobile-wallets-to-keep-non-compliant-kyc-users-through-low-kyc-ppi-norm/.

Gimpel, H. , Rau, D. , & Röglinger, M. (2017). Understanding FinTech startups—A taxonomy of consumer—oriented service offerings. *Electronic Markets*. , 28, 245—264.

Gnyawali, D. R. , & Park, B. J. (2009). Co-opetition and technological innovation in small and medium-sized enterprises: A multilevel conceptual model. *Journal of Small Business Management*, 47(3), 308—330.

Gomber, P. , Kauffman, R. J. , Parker, C. , & Weber, B. W. (2018). On the fintech revolution: Interpreting the forces of innovation, disruption, and transformation in financial services. *Journal of Management Information Systems*, 35(1), 220—265.

Kotler, P. (2003). *Marketing management* (11th ed.). Prentice-Hall.

Meldrum, M. , & McDonald, M. (1995). *The Ansoff Matrix: Key marketing concepts* (pp. 121—126). Palgrave.

Navaretti, B. , Calzolari, G. , Mansilla-Fernandez, J. M. , & Pozzolo, A. F. (2018). *Fintech and banking. Friends or foes?* Available at SSRN: https://ssrn.com/abstract=3099337 or http://dx.doi.org/10.2139/ssrn.3099337.

Ryan, B. J. (2019). The new emerging banks and their role in payments. In S. Chishti, T. Craddock, & R. Courtneidge (Eds.), *The PayTech Book* (pp. 28—30). Wiley.

Shani, D. , & Chalasani, S. (1992). Exploiting niches using relationship marketing. *The Journal of Services Marketing*, 6(4), 43—52.

Stinchcombe, A. L. (1965). Social structure and organizations. In J. G. March (Ed.), *Handbook of Organizations* (pp. 142—193). Rand-McNally.

The Times of India. (2019). RBI extends full KYC deadline for e-wallets. *Times of India*. India Business. https://timesofindia.indiatimes.com/business/india-business/rbi-extends-full-kyc-deadline-for-e-wallets/articleshow/70918399.cms. Accessed on September 2, 2020.

5 金融消费者行为与决策

5.1 消费者目标

根据营销关系的社会交换理论,评估消费者行为的一个基本假设是考虑他们是目标导向的代理人(Bagozzi,2018)。目标一般产生于消费者感知到的内部需求和愿望,但也可以由外部各方发起,使目标愿望出现在消费者的脑海中。在这一阶段,目标愿望界定了目标实现之后的自我反思图像,也就是说,在实现了与当前状态(目标尚未实现)相关的其他目的之后,自我认知便发展起来了。如果这种愿望足够强烈,那么,目标意图将继续参与信息搜寻,思考如何更好地达到目标。例如,如果一个消费者觉得自己花了比预期更多的钱,那么,他就会从这种需求状态中通过寻找信息和下载移动应用程序,从而完成这项任务。关于移动应用程序如何下载、相关费用多少以及开户的身份要求都属于目标愿望的概念。随后,目标行动捕捉消费者希望参与旨在实现目标的工具行为的程度。因此,目标行动是指消费者为实现目标而做出的承诺和决策。这些行为完成后,需要反馈目标是否能够实现。无论哪种方式,反馈循环都是以这样一种方式开始的,即告知消费者停止所有承诺、再次追求同一个目标或寻找替代目标的想法。此外,这种循环还会改变消费者的心理状态,特别是在目标未能实现的时候。这一过程由个体在不同程度的内部调节下控制,即个体的自我调节(参见图5-1)。

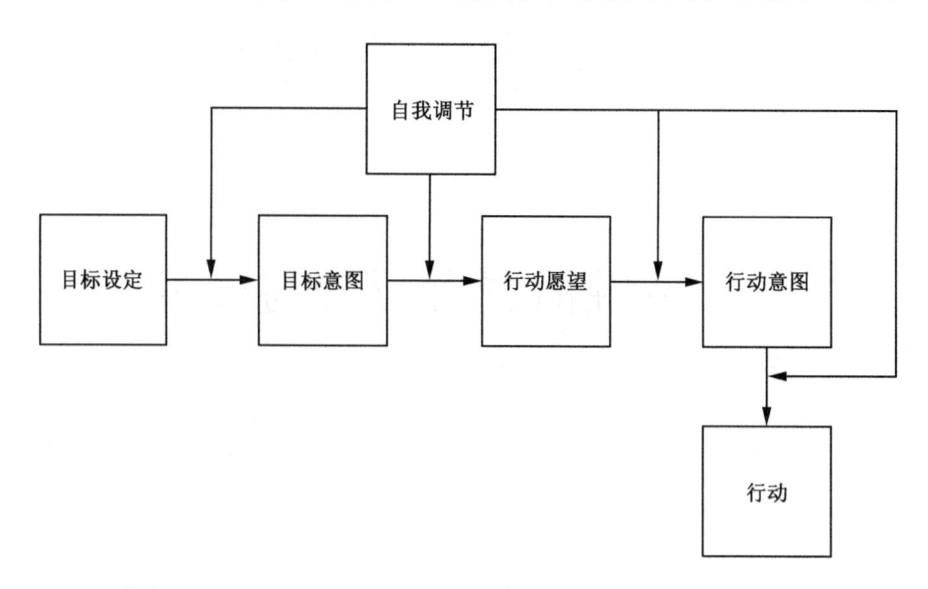

图 5-1 目标导向的消费者行为

注:参考 Bagozzi,2018。

如果消费者可以设定目标,前述讨论的框架就可以帮助个人从一种被感知的内在需求状态过渡到发展意图、愿望和行动的努力。然而,当行为不遵循意图时,答案就不那么简单了。例如,为什么一个人即使意识到吸烟的有害后果也不能戒烟? 在金融行业,也可以提出类似的问题:为什么人们不能存钱? 尽管人们意识到储蓄的好处,他们却无法完成即使是很小金额的储蓄。从经济角度来看,这些消费者并没有最大化经济效用,无论是短期抑或长期。因此,人们愿意改变,但缺乏改变习惯的能力,从经济角度来说,他们可能是不理性的代理人。在接下来的几节中,我们将提出一些概念和理论,旨在理解金融领域变革困难的现象。

5.2 自我效能与自我控制

个体的自我调节涉及两个相似的结构,可以解释金融消费者行为,即自我控制和自我效能。自我控制指的是消费者在多大程度上坚持他们的计划、承诺和先前设定的目标的决定。自我效能强调一个人相信自己能够通过实施一系列活动,从而改变生活的方式。自我效能高的人会把挑战性的任务视为需要解决的问题,而非令人不舒服的活动,他们会给自己设定越来越难的目标,并投入时间、精力和资源来完成任务。对他们来说,失败源于个人缺乏努力、技能或知识,而这些是可以通过个人手段获得的。相反,自我效能低的人将问题视为威胁,实现目标的承诺以及资源和时间的分配都很低。他们认为任务完成度不足与个人低水平的技能和低程度的失败有关,这使得他们放弃任务,从而降低了对自己能力的认识(Bandura,1994)。在金融领域,自我效能可以解释个人在金融行业中不同类型的行为。例如,通过应用心理测量表来测算财务自我效能,以女性对管理个人财务和实现财务目标的能力的个人感觉为例,澳大利亚的一项研究表明,自我效能可以与研究样本拥有的产品类型相关联。具体来说,在对影响财务学习的一些变量的结果进行调整后,较高财务自我效能水平的女性更有可能拥有储蓄账户,进行投资或抵押贷款,而她们使用信用卡或个人贷款的可能性较小。此外,财务自我效能与财务成熟度有关——逐渐采用越来越复杂的金融产品。更高财务自我效能的女性拥有不止一种金融产品,包括储蓄、投资、抵押贷款,而金融知识水平较低的女性则与持有债务产品有关(Farrell et al.,2016)。

自我控制指的是坚持计划、承诺和决定的个人行为。广义而言,这个概念包括行为,如容易打破坏习惯、避免偏离目标、抵制诱惑和冲动行事(Tangney et al.,2004)。在财务行为中,自我控制与个人财务行为经常在矛盾的两极之间摇摆的想法有关。一边是深思熟虑关注长期问题的个体计划者,另一边是关注解决短期问题的个体行动者;这便是行为生命周期假说(Shefrin & Thaler,1988)。这一假说认为,人们的金融行为受到人们能够控制自己冲动的程度的影响,特别是储蓄行为、心理核算以及权衡存钱的利弊。通过研究瑞典金融用户的样本,研究人员在自我控制和金融行为之间建立了联系。具体来说,他们发现自制力高的消费者更有可能习惯性地从工资中存钱。自我控制也有降低财务焦虑和增加个人财务安全感的效果——这两个指标通常是衡量个人财务状况的代表。不仅储蓄行为受到影响,其他财务维度也受到影响,如按时支付账单、维持紧急储蓄基金、为退休存款以及购买债券或股票。在调整了财务知识和收入的影响后,所有这些维度都受到自我控制的积极影响(Strömbäck et al.,2017)。

5.3 金融教育的作用

金融教育被认为是帮助消费者实现其金融目标的有帮助的技术之一。无论是为退休存钱、选择适合个人收入的贷款,还是投资决策,政策制定者和企业都称赞教育是帮助消费者做出最佳财务决策的最佳方式。财务知识是一个认知过程,意味着收集、评估和根据收集的信息做出决定,除了有能力和信心做出短期和长期财务决策来管理个人财务,个人还可以通过这一过程了解财务问题(Remund,2010)。一项元分析(许多学术论文的汇编和综合)调查了采用金融教育干预或衡量金融素养的研究,以评估金融教育和金融素养对金融行为,即货币规划、储蓄和投资决策的影响程度(Fernandes et al.,2014)。他们的研究表明,对金融教育的干预对这些下游金融行为的影响非常小。金融知识对金融决策的影响略高于干预。也就是说,当个人受到教育刺激(特定干预)时,对金融行为的影响可以忽略不计,但是当个人的金融教育被测量时,个人随着时间的推移获得的累积金融知识会影响到金融知识。干预的效果很小可能与教育干预的强度随着时间的推移而逐渐消失的事实有关。虽然更长时间的金融教育干预会对金融行为产生更大的影响,但这些干预的效果会遵循二次衰减趋势(也就是说,远高于线性趋势)。例如,在干预后18.5个月测量财务行为时,大约24小时的干预效果逐渐消失;干预后3个月左右,6小时教育指导对财务行为的影响消失。还有一种解释是,金融教育对金融知识的影响很小,而金融知识反过来又会导致金融行为。Fernandes等(2014)认为,金融教育干预的效果解释了获得的金融知识中约有0.44%的差异。为了了解其他非认知变量是否会影响财务决策而不是财务知识,该研究纳入了个人特征,如计划倾向、投资信心和投资时的冒险意愿。研究观察到是这些变量对退休储蓄、积极的信用和银行评分以及积极的投资行为有显著影响,而非金融知识。这些结果的影响是双重的:一方面,金融教育干预需要在做出财务决策之前,也就是在干预的效果消失之前实施;另一方面,建议采用行为干预,如默认选项、选择、架构和循循善诱,以改善财务决策。这些问题将在后续章节中进行讨论。

5.4 前景理论

传统上,人们期望个人按照经济效用最大化的范式行事。这个想法是基于这样一个假设,即个人的选择是"理性的"。这种选择理论认为,个人可以收集市场上所有可用选项的信息。之后,个人设法处理所有这些信息,并从中选择最大化其效用的选项。在这种观点下,个人可以从事连续的决策周期,并遵循边际效用递减规律——商品的边际效用随着购买下一个单位而降低。"非理性"行为被认为是针对不按照这一范式行事的个人。例如,人们缺乏为退休存钱的习惯,而是把钱花在今天,没有最大化它的效用,因此,属于非理性行为的定义。

直到最近,研究人员才开始在行为经济学的总括术语下研究这些非理性行为,以更好地理解决策过程。这种方法通过考虑个体对收益和损失的不同反应,补充了边际效用递减的观点。因此,收益的边际效用不同于亏损的边际收益和边际效用。收入的增加,如彩票中奖、继承、股票价值的增加或收到的利息被认为是收益,而在赌博或股票市场中损失的钱、购买产品的资金、税款和费用被认为是损失。鉴于损失对个人认知的影响更大,他们避免损失的反应程度高于获得收益的反应程度(Kahneman & Tversky, 1979)。

在评估收益和损失时,参考点起着至关重要的作用。也就是说,个人财务方面的当前或预期状况决定了个人对收益和损失影响的看法。如果财务状况相对较低的人获得了收益,他的财务状况就会改善,这将成为新的参考点。随着个人不断参与连续的决策,他对参考点的评估也是连续的。消费者在设定一致的目标时,无论是预防或促进,都有可能受到得失认知方式的影响。图5-2描述了消费者如何评估收益和损失。横轴表示收益和损失的客观数量,纵轴衡量收益的主观感知效用或损失的"无效用性"。从图5-2可以看出,损失对价值的影响大于收益。50英镑的损失被认为比25英镑的损失更"痛苦"。两个轴的交点是当前的参考点,从中可以比较收益和损失。

图5-2是从认知心理学和微观经济学中得出的一个模型,用来理解个人如何看待作为收益和损失的不同组合出现的刺激,可以推导出四种可能的含义。这些场景通常被称为享乐框架(Thaler, 1985),并在下面讨论。在下列情况中,假设收益和损失的评估同时发生,并且除了上述收益和损失外,没有其他收益和损失:

— 收益分离。鉴于收益相对而言被认为提供的价值低于损失,并且后续收益提供的价值也较低,因此合理的做法是将它们分开,以提供最高的效用。金融科技可以将投资的资金回报发送给在不同日期被分割的客户,这样客户就能感受到更多的价值。这意味着将收益1(20)和收益2(40)分开,因为将它们组合起来,经验价值只有125。

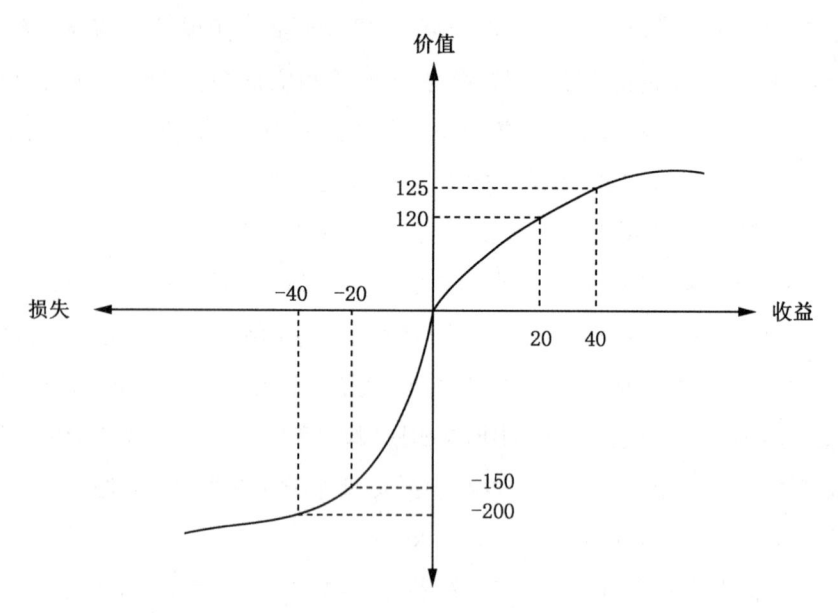

注:参考 Kahneman & Tversky,1979。

图 5—2 前景理论的价值

——损失汇总。随着消费者对损失的感知越来越强烈,对损失进行汇总是有意义的,这样感知的无效用性就更低了。将损失 1(−20)加到损失 2(−40)会导致−200 的负效用,而单独考虑它们会导致−300[(−150)+(−150)]的负效用。这意味着金融科技需要同时收取所有费用。

——小损失与大收益的累加。当存在大的收益时,由小的损失带来的无效用性可以减少。收益 40 提供效用 125,损失−20 提供效用−150,总效用为−25。也就是说,当个人感知到 95 美元的单一效用时,而不是在损失−5 美元后获得 100 美元的收益时,他们会过得更好。

——小收益与大损失的分离。将收益与大损失分开,比将它们结合起来提供的价值更多。损失−40 表示效用为−200,收益 20 表示效用为 100。总效用为−100。也就是说,一个人有 5 美元的小收益和 100 美元的非相关损失比一次损失 95 美元更好。

根据后两种情况,金融科技初创公司可以管理他们收取费用的方式以及他们从利率中返还资金的方式。然而,前景理论不仅可以应用于财务方面,还可以应用于更多的解释信息。总体来说,金融科技公司需要确定其价值提案的哪些维度符合损益条件,不仅是在货币方面,还包括其他象征性刺激因素,如信息、产品属性和对产品的看法。例如,在非洲的一项研究评估了当地消费者对移动银行属性的看法,结果表明这些属性可以影响消费者对这种技术的采用和使用,从而使无银行账户的金融用户可以获得新产品(Senyo and Osabutey,2020)。在这项研究中,感知风险,例如对数据隐私、财务风险和使用移动货币解决方案结果的不确定性的担忧,通常被视为一种损失,而对代理的信任,即用户认为提供移动货币解决方案的人可靠的程度,被认为会影响客户使用移动钱包的决策。结果显示,虽然对风险的认知是使用移动货币解决方案的潜在损失,并对使用该应用程序的意图产生负面影响,但代理信托没有预期的损失作用,也不能影响意图或使用(Senyo & Osabutey,2020)。

个人对收益和损失的不同组合及其反应的感知是心理会计模型的三个含义之一,该模型涉及许多认知过程,旨在理解人们和家庭如何对其财务活动做出决策(Thaler,1985,1999)。下面讨论另外两个含义。

第二个含义是,交易效用问题假设当消费者参与金融交易时,他们从购买产品中发现了以获得效用和交易效用形式存在的效用。获得效用是感知价值和支付价格之间的差异,而交易效用是为产品支付的金额和消费者预期支付的金额(参考价格)之间的差异。消费者通常愿意为价值较高的产品付费。然而,当面对支付的金额和他们认为的公平价格之间的差距时,具体环境可能会对消费者的意愿产生决定性影响。这些对价值、参考价格和效用的看法可以通过营销策略来改变。例如,个体特征可以影响消费者感知获得价值和交易价值的方式。在印度城市金融用户的样本中,获得价值的主要积极影响因素包括品牌和质量意识、完美主义和对产品的习惯性购买,而交易价值受到价格意识、产品新颖性和对产品的享乐性的积极影响(Soni & Dawra,2019)。

第三个含义是,个人做出预算决策,并在假设支出、财富和收入不是完全可替代的情况下给这些决策贴上标签。个人根据经常性支出或一次性支出等不同预算给支出贴上标签,财富将以退休账户或支付的抵押贷款的形式进行分配,收入可以贴上经常性或意外性的标签。类似地,预算可以暂时划分为短期、中期和长期心理账户。这些心理账户是由消费者来决定未来消费模式的。例如,实体店和网店都是金融业的参与者,因为它们发行的商店信用卡数量越来越多。消费者可以从心理上对不同的商店信用卡进行不同的分组,并且可以影响他们在不同商店中的购买决策和行为。具体来说,通过分析使用美国集团银行发行的和商店发行的信用卡的金融消费者,研究人员发现,在使用商店发行的信用卡后,与一般费用心理账户相比,消费者感觉他们的"信用卡心理账户"枯竭了。在排除了其他解释后,消费者将这种财务损耗归因于商店开具的发票,这反过来减少了他们下一次在商店的支出,包括总包任务、冲动购买和预订价格(Sarofim et al. ,2018)。

5.5　启发式策略

使个人在决策时偏离理性行为者范式——手头有所有选项,对其进行评估,并选择效用最大化的选项——的因素涉及启发式策略和认知偏见。

启发式策略是可能降低个人效用的心理捷径。它不是客观的,而是基于有限的信息对不同事件的概率进行主观评估。适合评估金融消费者行为的一些突出的启发式策略包括代表性、可用性和锚定性(Tversky & Kahneman, 1974)。

代表性是指判断一个对象 A 属于某个类别 B 或者流程 A 是由实例 B 发起的,消费者依靠 A 和 B 两个类别的有限信息,在 A 和 B 有多少相似的基础上回答这个问题,但这个过程忽略了 B 实际发生的事实概率。例如,如果金融科技产品(如支付方式)与知名品牌相关联,则消费者可能会认为它是值得信赖且方便的产品,而不考虑该产品可信度和便利性的实际水平。类似地,如果一家银行在分行提供了糟糕的服务,消费者可能会将其归因于一个品牌,他们知道该品牌的特点是糟糕的服务,而不考虑银行的实际服务水平。

可用性是消费者很容易就能想到某个事件发生的程度。频繁事件比不频繁事件更容易检索。对问题或事件的熟悉程度,即想象和搜索信息的容易程度,通常会引起更高级别的可用性。例如,如果消费者 A 从消费者 B 那里听说了针对他的信用卡进行的金融诈骗,消费者 A 会倾向于开始使用他的基于数字的信用卡,而不是塑料卡。在这种情况下,消费者高估了自己成为金融欺诈受害者的概率,因为他们只评估了特定平台上发生的数百万笔金融交易中的一个案例。

锚定和调整是消费者参考给定基线评估属性的过程。基线是起点,消费者自行评估。随着基线初始值的变化,结果也会发生变化。因此,消费者调整自己的心理以适应初始基线;估计值取决于这样的初始值。例如,股票市场投资的回报通常是根据政府债券的回报来评估的。因此,如果债券收益率为 4%,投资者就会通过投资其他工具来获得更高的利率。类似的问题也出现在讨价还价这一过程中,通过设定一个高的初始价格,消费者会向某个中等价格讨价还价。为了了解锚定在支付行业中是如何运作的,一项研究对 22 000 多名参与者进行了多次现场实验,采用了"按需付费"的定价方案。通过测量消费者在捐赠、慈善和购买甜甜圈上的支付情况,以刺激价格作为默认价格,参考其他人支付的价格、零售价格和在线支付,这些研究发现表明,这些价格之间有很大的差距,从而产生金融和非金融环境下的支付差异。具体来说,低价锚似乎推动了更低的支付,而高价锚则缺乏推动更高支付的效果,甚至可能会引起消费者的反感;描述性和强制性规范对支付无效(Jung et al. ,2016)。

5.6 认知偏差和目标

人们养成消费习惯时会首先遵循一种高度参与的方法,即考虑所有可用的选项,评估它们的属性,并选择最佳选项。然而,随着时间的推移,低参与度的习惯出现了,即消费者消费时不再考虑他们做出的决定。这样,消费习惯可能成为增加经济效用的障碍。回到人们为什么不存钱的问题上来,一些认知偏差可以作为经济主体产生非理性模式的解释。认知偏差是那些让人们远离最大效用点的心理过程。

关于储蓄,第一个障碍是缺乏明确的目标。当人们没有设定每月储蓄多少,储蓄多少个月,储蓄目的不明确时,人们就会失去对储蓄任务的关注,很快就会抛诸脑后。在这种情况下,解决方法之一是指制定明确而具体的储蓄目标和计划。人们可以很容易地坚持具体的计划,而不是依赖一厢情愿的想法(Rogers et al. ,2013)。影响个人储蓄目标的另一个障碍是进展的不可见性。在开始少量存钱后,人们会失去动力,因为少量的钱在时间上积累得很慢。人们会产生今天不存钱并不意味着与最初的目标有很大偏差这种令人不安的想法。然而,这种想法会使目标脱轨。一个有用的解决方法是通过监控进展来突出进展。例如,通过记录每天的摄入量,健身房用户可以减少他们的食物摄入(Burke et al. ,2011)。关于存钱,在实现目标方面表现不佳的人更倾向于通过银行的移动应用程序来检查自己的余额;当目标设定在促进条款(更接近带来利益的目标)而不是预防条款(远离与有害后果相关的目标)时,会导致人们不断检查自己的账户余额,以确认他们对进展的个人期望(Chang et al.,2017)。在这种情况下,鉴于消费者的注意力资源有限,提醒可以对储蓄行为产生积极影响。例如,三个发展中国家的金融用户开设了一个银行"承诺储蓄账户"——一个有明确存钱计划的银行账户,那些收到存钱提醒的用户与没有收到提醒的用户相比,遵守计划目标的可能性更高(Karlan,et al.,2016)。

一般来说,储蓄承诺是由金融消费者私下做出的。这样,如果一个人实现了一个目标或失败了,责任仍然在于个人自己。但这种情况很少发生,因为个人在一个社交圈中通常是相互交织的。社会压力和主观规范可以在改变消费者行为方面发挥作用。具体来说,当个人向一个外部合法的人,例如一个非常知名和值得信任的朋友报告他们的进展时,问责制可以增强个人的决策(Lerner & Tetlock,1999),也就是说,从朋友那里收到的正面或负面评论可以在个人的财务决策中发挥作用。例如,评估金融用户遵守储蓄计划的程度。那些受积极的社会规范约束的用户,如果看到有一条信息表明当地社区的许多人实际上在省钱,他们更有可能将这条信息视为一种社会暗示,从而使他们更有意识去省钱。相反,那些接触到负面社会规范的用户——传递附近许多人缺乏储蓄的信息——存在一个少存钱的个人调整(Yoon et al.,2016)。

最后一个认知偏差是指时间。个人认为从事特定行为的直接利益比时间上遥远的利益更有价值,但是这种价值随着时间的增加而急剧下降(Thaler,1981)。个人在从事期望的行为(Hsee et al.,2003)后有可能立即提供"媒介"(奖励)或一系列短期媒介来改变储蓄行为的结果,这些媒介旨在改变人们对未来财务结果的贴现方式。

5.7 信 任

通常认为,信任是经济和金融业发挥作用的先决条件。所有的交易都需要各方之间高度的信任,这样每一方都可以确信交易会圆满完成。消费者根据他们在实际购买之前已经掌握的知识来评估产品,这些知识可能与三种产品属性有关(Mitra et al.,1999)。第一,搜索属性是指消费者在购买之前可以直接识别和评估产品质量的属性。在金融和金融科技行业,法规通常要求产品的属性可供消费者使用。如信用卡(无论是数字信用卡还是实体信用卡)需要公布其利率、最低支付额和相关费用，以便消费者在提交申请表之前能够评估和评价这些产品。同样，在开立银行账户或购买保险之前，消费者可以评估多种选择的收益和风险，然后确定最能满足他们需求的选项。第二，体验属性是在实际购买产品和体验服务时可以评估的属性。例如，收银员服务的特征，例如快速进行交易、收银员礼仪以及在实体分行中提供的完成交易的建议，也就是说，这种服务只能在客户接受服务期间进行评估，很难事先评估。第三，信任属性表示不仅在交付服务之前和服务体验期间难以评估，甚至在接受服务之后也难以评估。例如，由人工或机器人顾问提供金融投资建议，需要了解客户的风险状况，对适合风险状况的可用投资工具的广泛了解、信心和信任，只有在几轮建议后才能正确评估，这可能需要几个月甚至几年的时间。

5.8 技术采用

金融科技的产品和服务是在数字平台上开发的，实际上避开了传统金融服务的传统有形元素。金融科技和最终用户之间的互动几乎完全是通过数字渠道进行的。在最终决定采用金融科技产品之前，客户会参与许多步骤。作为一个信息密集型行业，金融消费者遵循高参与度的购买模式——即消费者分配与产品持有相关的大量时间、精力，有时甚至是金钱（交易成本），这涉及以下步骤：

- 一意识。在这一步骤中，金融消费者接受关于满足需求或帮助他解决金融问题的产品或服务的信息。信息通过数字渠道以被动或主动广告的形式出现。
- 一寻求信息。在获得产品存在的知识后，金融消费者开始寻找与需求相关的特定产品属性。在这个阶段会考虑信用卡利率或众筹平台提供的奖品等方面的信息。
- 一信息处理。从相关选项中收集信息后，金融消费者分配时间和认知努力来评估哪个选项更能满足需求。所有属性，包括价格和品牌，在购买前都会根据它们对个人的重要性进行加权。
- 一购买决定。根据消费者对替代方案满足需求的感知程度来进行选择。

完成这些步骤需要努力、时间和金钱，这被认为是一种高投入的购买。前面的步骤通常被认为是销售漏斗，平台通常有分析模块来监控在认知阶段开始进入漏斗的消费者如何跳转到后续的阶段,以确定他们是否在任何给定阶段停止该过程。

从技术的角度来看,多种模型解释了消费者如何采用特定的技术。技术采用模型,即 TAM (Davis et al.,1989)提供了一种预测消费者使用和采用特定技术的行为意图的简洁方法。这个模型依赖两个影响个人对技术倾向的核心变量,即感知易用性和感知有用性。感知易用性是指一项技术使用起来有多简单、快速和方便,感知有用性是指该技术能在多大程度上帮助用户解决问题或完成功能。TAM 模型对于预测金融科技技术的使用是有作用的。

从社会学的角度和技术属性的基础出发,Rogers(2010)在创新扩散的思想下,认为有五个属性对于新技术在社会系统(即市场)中的扩散至关重要:

—相对优势。与当前使用的产品相比,创新被认为能更好地满足需求的程度。

—复杂性。创新易于理解和使用的程度。

—兼容性。创新与消费者的体验、价值观和需求的契合程度。

—可试用性。在决定购买之前,创新可以被测试的容易程度。

—可观察性。抓取在使用创新时观察到的事实。

前面的变量对采用新产品的意图有积极的影响,并提供了减少试用和购买新产品固有风险的提示。DOI 模型的另一个变量是时间。不是所有的消费者都同时采用一项创新,可以根据采用创新的速度将消费者分为几种类型。

创新者。他们喜欢冒险,追求新产品;他们可以轻松应对高度不确定性和风险。他们是自己社交圈中的参照物,充当着为同龄人带来新想法和产品的桥梁。他们渴望承担风险,有足够的金钱购买一个可能无法满足他们需求甚至有缺陷的产品。根据 Rogers(2010 年)的数据,它们约占市场的 2.5%。

早期采用者,包括所有能够轻松采用新产品的意见影响者。因此,他们很少听从别人的建议,而是在自己的社交圈里传播信息。他们可以轻松应对风险和不确定性。它们约占市场的 13.5%。

早期多数。他们是不经常充当意见领袖的个人。相反,他们会听从值得信赖的同行关于新产品的建议。在采用新产品之前,他们需要有证据证明它是如何运作的。他们的风险管理水平和收入水平都处于平均水准。它们约占整个市场的 1/3。

晚期多数。他们主要犹豫是否需要改变目前使用的产品,而消费新的产品。他们厌恶风险,因为他们的收入水平不允许他们面对损失的风险。他们代表了 1/3 的市场。

落后者。他们是保守的人,非常厌恶风险。他们听从他人的建议,并在新产品已经经过大众市场测试的情况下尝试新产品。他们缺乏资源,避免购买功能不能完全满足其需求的产品。它们通常占市场的 15% 左右。

总体来说,每个细分市场的数据都只是指示性的,需要根据消费者的特征和其对产品属性的认知进行评估。例如,韩国的一项研究旨在确定金融科技产品在早期采用者和后期采用者这两个细分市场上的感知差异。金融科技测试的产品有移动支付、移动汇款、P2P 借贷和众筹。用户是根据他们对新技术的态度划分。早期采用者自我报告说他们更愿意承担风险,对新技术感兴趣;后期采用者自我报告说他们对使用新技术感到犹豫和担忧。后期采用者对采用金融科技产品犹豫不决的主要原因是,他们对产品所提供的益处的感知并不显著。也就是说,后来者并没有发现金融科技产品为他们提供了比传统银行产品更好的经济效益、服务便利性和无缝交易。此外,在法律风险(用户将法规视为使用金融科技产品的障碍的程度)和安全风险(使用金融科技产品时对财务信息安全程度的认知)方面,后期采用者与早期采用者不同,但这两个细分领域在财务风险和运营风险方面是相似的(Ryu,2018)。

5.9 风险和信任

推动金融业决策的一个基本因素是风险。从经济学角度来看对风险的基本定义是为了理解金融投资组合的效用变化。然而,当讨论消费者的特征时,更合适的说法是心理风险,它描述了个体发生损失的可能性。作为一个社会建构的变量,风险可能会根据所涉及的服务、金融交易中涉及的交付渠道和信息以及个人特征表现出 3 个维度:身份风险、金融风险和风险偏好。较低的风险感知可以引起冲动性购买,而较高的风险感知可以通过个人抵抗计划和规范压力来减少冲动性行为。

从分析在线活动的元分析中,发现一些风险因素在确定在线用户信任以及随后的结果(如用户满意度、对在线渠道的态度、继续使用在线渠道的意图和忠诚度)方面反复出现(Sarkar et al., 2020)。具体来说,在决定使用在线渠道时,有四个风险因素反复出现。第一,结构性保证指的是支持信息保护的现有体制机制,特别是在线渠道,即对影响使用系统的可信赖程度有重大影响的条款、条件和合同。第二,与前面的概念高度相关,感知隐私侧重于系统如何维护信息的机密性和隐私性,特别是避免将消费者信息共享或出售给第三方。第三,在使用关于金融交易的隐私和安全性损失的系统时感知到的风险以及缺乏关于交易安全性的信息会降低使用系统的信任级别。第四,感知安全性指的是未经授权访问交易信息的风险,以及针对病毒、恶意软件和未经同意在用户设备中安装数据收集程序提供可靠保护的风险。感知安全对信任有中等程度的影响,感知风险和感知隐私对用户信任的影响较小。反过来,发展高水平的信任对用户满意度、使用在线渠道的态度和忠诚度有很大影响(Sarkar et al., 2020)。

其他类型的风险可以提供一个有细微差别的理解,关于什么可以阻止金融消费者使用在线渠道来完成金融交易。例如,为了估计中国在线支付年轻用户样本中的总体风险认知,分析了多个风险类别。其中包括经济风险(如高额费用或隐性收费等潜在的金钱损失)、功能风险(根据用户对支付系统的认知,收益低于预期)、时间风险(由于学习时间、等待时间和完成交易所需的努力而导致的时间损失)、服务风险(对在需要支持的情况下与供应商沟通的容易程度的认知)、心理风险(由于在线支付系统的不确定性、延迟和缺乏确认而产生的焦虑或不良情绪)、社会风险(因未能采用支付系统而丧失用户社交圈中的社会地位)(Yang et al., 2015)。

最重要的是,消费者会对使用金融科技产品之前、期间和之后的收益和风险进行比较,这可能会导致消费者是否继续使用此类产品的不同意图。例如,从权衡利益和风险的角度分析金融科技产品的韩国用户样本。与感知风险相比,早期采用者对金融科技优势的良好认知增加了两倍,而对于后期采用者来说,只有风险是显著的,优势对继续使用金融科技产品的意图没有任何影响(Ryu, 2018)。

除了上面讨论的对在线渠道的信任,消费者还可以通过寻找线索来培养信任感。在金融行业,品牌名称可以起到向消费者传递信任信号的目的。

不出所料,大多数品牌形象包含品牌名称。品牌名称是一种品牌标识,可以发声并传递价值主张、身份和服务质量的信息(Grace & O'Cass, 2005)。在一项针对墨西哥银行用户的研究中，品牌的得分与服务环境一样高——银行的有形设施被视为具有吸引力并符合价值主张的方式。这两个变量对培养关于银行的积极态度和随之而来的基于消费者的品牌价值有很大影响（Miller-Suárez，2020）。

然而，金融消费者对现有银行品牌和新兴金融科技品牌的体验存在差异。在比较两个玩家的品牌体验时，发现金融科技品牌在感官、情感和行为方面比现有银行提供了更高的品牌体验。这一结果可能会导致金融科技用户产生更高水平的继续使用意向，比现有银行更高程度地使用金融科技产品(Bapat，2018)。

5.10 如何理解金融科技的消费者行为

总之，财务行为倾向于分析人们如何设定财务目标，包括他们的决策过程以及与他们相关的认知偏差。此外，由于金融科技产品嵌入在生成大量数据的数字平台中，因此有许多资源和工具可以帮助管理者了解所有金融科技产品的目标、行为和中间的偏见。不仅经济理论为金融消费者的行为提供了深刻见解，而且技术采用也是消费者了解新产品、购买新产品的渠道，他们设定自己的财务目标，对个人财务和财务健康产生影响。要了解金融消费者行为，需要进行系统的市场研究。通过将变化理论和实验设计联系起来，可以识别和利用而不是哀叹相关的偏见、启发和"非理性"行为。图5-3展示了理解金融科技消费者行为的整体框架。

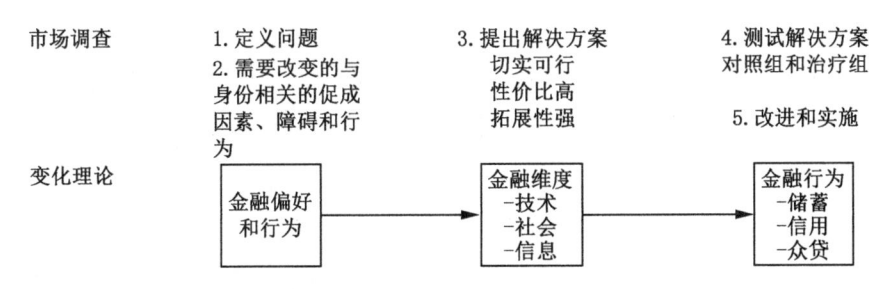

图5-3 分析消费者金融行为的框架

变化理论是理解复杂社会行为的有用方法，因为它们关注干预导致特定变化的机制。在本章概述的金融行为证据的基础上，定义了三个广泛的步骤，并将其与市场研究方法联系起来，以了解金融消费者的偏好以及将见解付诸实践的适当策略机制。第一，金融消费者的偏好需要评估和明确描述。尤其是人们如何使用金钱和金融科技产品作为支付、众贷和众筹。此外，识别相关行为、偏见和启发是证据收集的另一项活动。人们如何对金融科技产品的特性和广告刺激做出反应也是理解他们的购买和采用决定所必需的，例如人们对社交信息和公司信息的反应。第二，根据市场证据，金融消费者进行金融交易和操作的环境成为核心，并在期望的金融偏好和金融行为之间起中介作用。特别是金融环境、信息和社会环境以及技术环境。第三，金融科技的行为可以被推广并与产品相关联。初创企业至少可以使用三种策略，基于行为经济和技术采用的见解，这些策略可以导致预期的金融科技行为，这将在下面讨论。

关于策略，初创公司可以提供一个合适的环境，让消费者能够启动、进行和完成所有金融科技交易。如果消费者容易参与技术平台，并找到促进参与行为的奖励，他们将倾向于重复交易。在重复交易的基础上，消费者可以养成习惯，这些习惯在一定时间内成为默认偏好。另一个策略旨在消除采用金融科技产品的障碍。本章已经表明，个人可能无法实现他们的目标，这可能是因为许多因素使他们偏离了财务计划，而不是缺乏教育或金融知识，其他非认知变量——偏见和启发——在财务决策中发挥作用。通过了解这些因素何时以及如何与决策相互作用，有可能消除阻碍消费者采用某个平台并从事适应性金融行为的障碍。最后，不仅初创企业和公司可以利用财务决策的促进因素和障碍，消费者也可以对自己的行为有所了解。一个合适的信息设置可以鼓励人们以一种满足长期愿望和计划的方式做出决定，而不是坚持不适应的短期决定，这会降低他们的效用。

最后，如何收集消费者洞察是金融消费者理解行为的一项重要任务。虽然分析方法和技术在市场上比比皆是，详细解释它们超出了本章的目标，但是实验设计已经成为金融科技行业中分析行为的首选技术。作为一种研究方法，实验行为涉及许多步骤来回答消费者为什么不按时支付贷款？或者为什么用户不在数字平台上众筹创新项目？以下步骤是金融科技经理可以使用的实验设计的指示性而非详尽的描述：

（1）问题定义。在这一步中，问题被定义，以至于一个业务问题被转化为一个研究问题。例如，像为什么用户不存钱这样的问题，可以转化为干预用户储蓄行为的偏见和启发式策略是什么？总之，这个问题需要明确识别利益的结果行为。在这个例子中，提醒可以被认为是一个相关的变量。

(2)识别相关行为。信念、社会消息、信息、态度可以在财务决策中发挥作用。其中一些成为障碍，而另一些则成为促进因素。在这一步，它们的角色被理解，它们的影响被假设。例如，可以将消费者对给定刺激的反应预期提升为在获得工资储蓄后收到提醒的客户将更有可能在移动应用程序中存钱。

(3)提议干预。在了解了所涉及的变量之后，可以提出一个解决问题的具体干预措施。干预措施需要足够具体，以衡量顾客与刺激的互动。干预措施通常采取两个样本的实验形式。其中一个样本接受刺激，即提醒(治疗组)，另一个样本不接受刺激。在实验设计中，个体被随机分配到每个组，因此没有选择偏差改变结果。比较两组的结果，以评估提醒对消费者储蓄行为的修改程度。如果存在显著差异，可以得出结论，这是所施加的刺激导致的。

(4)测试替代刺激。随着结果的出现，考虑到收集信息是可行的、有成本效益的、可扩展的，有可能测试对不同用户样本具有不同影响的其他刺激。

(5)实施和监控。一旦找到合适的解决方案，就有可能细化刺激，以在结果行为上获得更好的结果，并有可能及时监控变化。

5.11 结 论

本章概述了与金融决策直接相关的消费者行为的最新模型。主要是行为经济学的框架提供了当前偏离主流理性主体范式的知识。这一章的重点是影响财务决策的认知和非认知因素如何影响财务健康；由于金融科技产品是无形的，完全通过数字渠道流动，消费者对技术的认知方式也会影响采用技术的水平。因此，技术和个人特征是交织在一起的，在评估消费者如何设定目标并努力实现目标时，需要共同考虑。金融科技不仅可以将这些消费者行为作为建立良好的企业和营销基础，以吸引和留住客户，还可以解决与初创企业、现有公司和决策者相关的社会问题。

参考文献

Bagozzi, R. P. (2018). Three systems underpinning marketing behavior. *Academy of Marketing Science Review*, 8(1—2), 23—29.

Bandura, A. (1994). Self-efficacy. In V. S. Ramachaudran (Ed.), *Encyclopedia of human behavior* (Vol. 4, pp. 71—81). Academic Press.

Bapat, D. (2018). Exploring advertising as an antecedent to brand experience dimensions: An experimental study. *Journal of Financial Services Marketing*, 23(3), 210—217.

Burke, L. E., Wang, J., & Sevick, M. A. (2011). Self-monitoring in weight loss: A systematic review of the literature. *Journal of the American Dietetic Association*, 111(1), 92—102.

Chang, B. P., Webb, T. L., Benn, Y., & Reynolds, J. P. (2017). Monitoring personal finances: Evidence that goal progress and regulatory focus influence when people check their balance. *Journal of Economic Psychology*, 62(5), 33—49.

Davis, F. D., Bagozzi, R. P., & Warshaw, P. R. (1989). User acceptance of computer technology: A comparison of two theoretical models. *Management Science*, 35(8), 982—1003.

Farrell, L., Fry, T. R. L., & Risse, L. (2016). The significance of financial selfefficacy in explaining women's personal finance behaviour. *Journal of Economic Psychology*, 54(3), 85—99.

Fernandes, D., Lynch, J. G., Jr., & Netemeyer, R. G. (2014). Financial literacy, financial education, and downstream financial behaviors. *Management Science*, 60(8), 1861—1883.

Grace, D., & O'Cass, A. (2005). Service branding: Consumer verdicts on service brands. *Journal of Retailing and Consumer Services*, 12(2), 125—139.

Hsee, C. K., Zhang, J., Yu, F., & Xi, Y. (2003). Lay rationalism and inconsistency between predicted experience and decision. *Journal of Behavioral Decision Making*, 16(4), 257—272.

Jung, M. H., Perfecto, H., & Nelson, L. D. (2016). Anchoring in payment: Evaluating a judgmental heuristic in field experimental settings. *Journal of Marketing Research*, 53(3), 354—368.

Kahneman, D., & Tversky, A. (1979). Prospect theory: An analysis of decision under risk. *Econometrica*, 47, 263—291.

Karlan, D., McConnell, M., Mullainathan, S., & Zinman, J. (2016). Getting to the top of mind: How reminders increase saving. *Management Science*, 62(12), 3393—3411.

Lerner, J. S., & Tetlock, P. E. (1999). Accounting for the effects of accountability. *Psy-*

chological Bulletin,125(2),255.

Miller-Suárez,G. C. (2020). *Variables influencing brand value in the Mexican retail bank* (Doctoral dissertation). Universidad Anáhuac México.

Mitra,K. ,Reiss,M. C. ,& Capella,L. M. (1999). An examination of perceived risk,information search and behavioral intentions in search, experience and credence services. *Journal of Services Marketing*,13(3),208—228.

Remund,D. L. (2010). Financial literacy explicated:The case for a clearer definition in an increasingly complex economy. *Journal of Consumer Affairs*,44(2),276—295.

Rogers,E. M. (2010). *Diffusion of innovations*. Simon and Schuster.

Rogers,T. ,Milkman,K. L. ,John,L. ,& Norton,M. I. (2013). *Making the bestlaid plans better:How plan making increases follow-through* (Working Paper). Harvard University Press.

Ryu,H. -S. (2018). What makes users willing or hesitant to use Fintech?:The moderating effect of user type. *Industrial Management & Data Systems*,118(3),541—569.

Sarkar,S. ,Chauhan,S. ,& Khare,A. (2020). A meta-analysis of antecedents and consequences of trust in mobile commerce. *International Journal of Information Management*,50(1),286—301.

Sarofim,S. ,Chatterjee,P. ,& Rose,R. (2018). When store credit cards hurt retailers:The differential effect of paying credit card dues on consumers' purchasing behavior. *Journal of Business Research*,107,290—301.

Senyo,P. K. ,& Osabutey,E. L. (2020). Unearthing antecedents to financial inclusion through FinTech innovations. *Technovation*,98,102—155.

Shefrin,H. M. ,& Thaler,R. H. (1988). The behavioral life cycle hypothesis. *Economic Inquiry*,26(4),609—643.

Soni,N. ,& Dawra,J. (2019). Judgments of acquisition value and transaction value:A consumer decision-making styles perspective. *Journal of Indian Business Research*,12(3),389—410.

Strömbäck,C. ,Lind,T. ,Skagerlund,K. ,Västfjäll,D. ,& Tinghög,G. (2017). Does self-control predict financial behavior and financial well-being? *Journal of Behavioral and Experimental Finance*,14,30—38.

Tangney,J. P. ,Baumeister,R. F. ,& Boone,A. L. (2004). High selfcontrol predicts good adjustment,less pathology, better grades, and interpersonal success. *Journal of Personality,72(2),271—324.

Thaler,R. (1981). Some empirical evidence on dynamic inconsistency. *Economics Letters*,8(3),201—207.

Thaler,R. (1985). Mental accounting and consumer choice. *Marketing Science*,4(3),199—214.

Thaler,R. H. (1999). Mental accounting matters. *Journal of Behavioral Decision Making*,12(3),183—206.

Tversky,A. ,& Kahneman,D. (1974). Judgment under uncertainty: Heuristics and biases. *Science*,185(4157),1124—1131.

Yang,Q. ,Pang,C. ,Liu,L. ,Yen,D. C. ,& Michael Tarn,J. (2015). Exploring consumer perceived risk and trust for online payments: An empirical study in China's younger generation. *Computers in Human Behavior*,50,9—24.

Yoon,H. J. ,La Ferle,C. ,& Edwards,S. M. (2016). A normative approach to motivating savings behavior: The moderating effects of attention to social comparison information. *International Journal of Advertising*,35(5),799—822.

6 金融科技市场的消费者细分

6.1 消费者细分和市场定位

影响消费者购买和采用偏好的内部和外部因素有很多。如财务决策涉及与产品、个人和更广泛的社会因素相关的具体需求和未解决的问题。消费者会在考虑这些因素后做出决定。随着消费者偏好的变化,了解所有这些因素如何相互作用来产生不同的偏好是很有帮助的。金融科技的消费者可以分成具有相似特征的相关组别,并据此部署策略来满足他们的不同需求。失去对所参与领域的关注,意味着分散一家新成立的金融科技公司的稀缺资金。此外,金融科技产品和消费者之间的契合度可能需要扩散,但最终的风险在于消费者未能意识到采用和使用金融科技产品的益处。

市场导向的概念是同时期营销的核心,旨在了解一些专注于生成和共享市场信息的实践和惯例,以生成合适的战略,为客户创造价值,从而影响公司业绩(Kohli & Jaworski,1990)。市场导向涉及三大支柱(Narver & Slater,1990)。第一,以客户为导向,公司收集关于当前和未来客户的问题和需求的知识,这样公司就可以为该细分市场生产有价值的产品,了解满意度的来源,并提供保持售后关系的渠道,从而确保和保持可持续的竞争优势。第二,竞争对手导向,收集关于竞争对手的战略、能力和价值建议的情报,以评估公司在市场中的相对地位。第三,公司内部的职能部门间协调,使信息能够及时传递给所有的利益相关者,以便所有利益相关者都能制定职能战略来增加对客户的价值。市场导向的首要方法是保持对公司长期盈利能力的关注。市场导向的驱动因素包括最高管理层对市场导向理念的持续强调、部门间的联系以及培训和奖励制度的实施(Kirca et al., 2005)。

元分析发现,采用市场导向视角对业务绩效(通过盈利能力、销售、增长和市场份额来衡量)的影响最大,当两大支柱——客户和竞争导向——都出现在公司战略中时,这种影响就会实现。良好的职能间协调和独立的客户和竞争对手导向也会带来良好的业务表现,但它们的影响要低得多(Grinstein, 2008)。此外,考虑到资源的可获得性,大公司可以很容易地利用市场导向的方法,以及考虑到公司和客户之间的密切关系,公司可以提供服务而不是制造产品,从而对公司的创新活动产生积极的影响。同样,在竞争更激烈的商业环境中,市场导向和企业创新能力之间的联系比竞争较弱的市场更强。最后,在高技术变革的行业中,市场导向在影响企业创新后果方面发挥着积极作用(Grinstein, 2008)。由于金融行业传统上受到监管的约束,单一的产品导向,金融科技行业可以通过了解适合参与的细分市场来发展市场导向。

6.2　了解消费者群体的模型和框架

理解不同偏好的第一种方法是考虑与个人相关的差异。个人最容易识别的特征为基本人口特征。金钱管理方式可能因性别、年龄、受教育程度甚至已建立的婚姻关系类型而有所不同。例如,最近家庭角色的变化影响了夫妻理财的方式。在发达国家,传统的男性提供收入和妻子在家料理家务的模式让位于新的理财方式。例如,在挪威,资源分开管理通常是成年工薪夫妇管理家庭收入的一种模式。更高的年龄、更高的教育水平和同居程度与形成联合资源池的可能性减小有关(Knudsen & Werness, 2009)。此外,对金钱管理的满意度取决于作为相对贡献的家庭特征、金钱管理的类型和收入。在瑞士夫妇的样本中,只要女性的收入份额在单独的金钱管理模式下增加时,女性就会表现出更高的满意度,而对于男性来说,当女性的收入份额增加时,他们对金钱管理的满意度也会增加。

然而,若夫妻分开理财,当女性的收入份额达到45%左右,男性的满意度开始下降之前,男性的满意度达到最大。在所有情况下,只有当男子管理家庭财务时,他们的满意度才会很高(Kulic et al.,2020)。

　　金融消费者之间差异的另一个来源是心理变量。这些变量不容易观察到,但它们是决定人们对外部刺激反应方式的个体稳定特征。"人格五因素模型"是解释人的个性最简洁的模型,可以被认为是人们在产品和服务方面行为的前因。"人格五因素模型"是由五种人格特质形成的:经验开放性是好奇、寻找和学习新事物以及想象力的倾向。责任心是指人们组织、专注于任务和细节程度。外倾性是指注重人际关系,随和、健谈。宜人性包括同情他人,关心、尊重他人以及对他人表示信任。最后,神经质是一种与压力和恐慌有关的特质,容易担心未来的结果,并表现出怀疑(Digman,1990)。这些特征可能与人们从事数字平台的时间有关。总的来说,除那些表现出责任心的人之外,以上所有的特征都会影响人们在数字平台上花费的时间(Islam et al.,2017)。另一种心理测量学指的是个人态度,即倾向于根据对事物的信念以某种方式行事。例如,态度可以从个人特征中推断出来,如个人焦虑、对财务事务表现出兴趣的倾向、决策风格和对未来的预测(Phan et al.,2019)。

　　一些理论模型认为,家庭随着生活经历了许多金融阶段,每个阶段都表现出特定的金融和消费行为特征。在这种情况下,家庭首先从成员年轻未婚时开始,然后进入年轻已婚但无子女、年轻已婚但有年幼子女、年老已婚但有受抚养子女以及年老已婚但有独立子女的阶段(Murphy & Staples,1979)。此外,个人对作为高风险金融产品的投资在不同阶段有不同的决定。例如挪威的金融消费者表现出投资股市的倾向,这种参与意愿在退休年龄前后更高。年轻人投资股票的金额最初比较高,但随着退休的临近,投资金额开始减少。在这方面,预计随着个人年龄的增长,家庭会重新设计其资产组合,甚至退出股市(Fagereng et al.,2017)。同样,财务决策也会受到个人生命周期的影响。随着人们年龄的增长,他们更容易犯财务错误,例如信用卡的非最佳使用(通过信用余额的促销优惠来衡量)、评估支付费用时的错误、错误的利率、未能正确估计自己房产的价值(Agarwal et al.,2009)。

　　金融消费者也可以根据他们获取金融产品的顺序进行细分。消费者可能会从缺乏金融产品所有权开始他们的金融生命周期。他们可能获得的第一个产品是储蓄账户,然后是养老基金、人寿保险。遵循这种购买模式的原因之一是,这些产品是风险最小的金融产品。在消费者采用这些产品后,他们会购买关联风险更高的其他金融产品。信托、股票和债券等投资工具就是这种情况。虽然拥有储蓄账户的消费者有30%的概率决定购买养老基金,而他们持有风险更高的产品的概率在8%~32%。相反,从高风险产品到低风险产品的转换概率在14%~27%(Paas et al.,2007)。

另一个分析客户财务复杂性的流程将其定义为消费者的行为方式,这种方式有利于实现他们的财务目标,并在日常基础上做出合理的决策,提高他们的长期兴趣(Estelami,2014)。因此,成熟的金融消费者是那些熟悉金融问题和知识的人,而不成熟的消费者是那些知识、技能和能力低并在金融决策过程中犯错误的人。Estelami(2014)发现了消费者在管理不同金融产品时犯下的许多决策错误,其中最突出的有三个:跟风效应,即遵循他人的金融决策和建议而不是仔细考虑自己的决定;对风险的错误估计(低估或高估风险);未能及时认识到货币的价值。例如,未能及时提前支付贷款以避免利息累积。除了这些问题,缺乏成熟度的其他方面还有粗心的行为,如过度支出、借入比需要的更多的钱和惯性行为(尽管客户服务差或利率高,但仍然使用相同的金融服务或公司)。当将这些问题与不同类别的金融产品联系起来时,Estelami(2014)发现决策问题在储蓄、保险和投资产品中更为普遍,而粗心行为在零售银行和贷款产品中更为常见。

投资者容易产生处置效应,即投资者不喜欢出售资产以实现收益,而留存代表损失的资产的行为(Weber & Camerer,1998)。在投资类别中,人们发现测试成熟度和投资经验的增加可以减轻处置效应,但不能完全消除它。通过将更高的成熟度与更高的交易经验相结合,可以消除投资者亏本卖出股票的倾向,但效果是不对称的,因为实现收益的倾向降低了(Feng & Seasholes,2005)。同样,家庭也会表现出处置效应。通过建立家庭成熟度指数,发现成熟度主要随着家庭财富和规模的增加而增加,教育和金融经验起次要作用(Calvet et al.,2009)。

6.3 集群技术

前几节显示,金融和金融科技消费者在许多个人、家庭和消费层面都有所不同。这些差异意味着特定的产品可能不适合每个人的需求。但一刀切的金融科技产品就假设市场上的所有客户都是一样的。然而,管理者需要考虑到,消费者不仅在金融科技领域,而且在消费的许多方面存在差异。因此,推进有效营销战略以吸引和留住客户的关键维度之一是初创企业愿意吸引多少类型的客户,另一个关键维度是初创企业能够吸引多少类型的客户。提出这些问题的一个重要潜在假设是,金融科技初创企业会参与特定的细分市场。为了实现增长,初创企业通过考虑邻近的细分市场来实现。

细分市场可以根据消费者同质性来定义。通过将相似的消费者分组,管理者能够部署单一的价值主张来满足并发的需求或问题。细分市场也需要与其他细分市场区分开。由于细分市场表现出相似性,因此它们也需要与具有不同特征的其他细分市场明确区分开来。通过这样做,市场契合度变得明显,并且更容易评估金融科技产品满足细分市场需求的方式。

当消费者与其他群体的差异出现时,确定消费者如何在同质群体中分组,最常用的技术是集群分析。集群是一个专业的细分市场名称,虽然从统计学的角度来看,本书的主要研究对象超出了集群分析的范围,但本节解释了集群分析的基本内在逻辑,并介绍了金融行业现有研究中的一些例子。

集群技术首先通过选择合适的一个或两个集群变量来解决内部同质性和外部异质性的明显矛盾。这些变量是形成一定数量集群的基础。如表6—1所示,变量可以是一般变量和特殊变量,也可以是可观察变量和不可观察变量。

表6—1 集群变量列表

变量类型	一般	特殊
可观察	文化	品牌忠诚度
	人口	用户状态
	地理	使用频率
不可观察	生活方式	态度
	性格	行为意图
	价值观	变量类型

注:参考 Sarstedt & Mooi(2011)。

一般变量是指在某种程度上可能被大群消费者所共享的特征,因为它们与特定的行业、产品类别或服务无关。广泛的文化、人口和地理位置可被视为一般变量。相比之下,特殊的变量与特定的消费时刻和地点相关联,例如,消费者使用支付系统的频率、她是免费用户还是高级服务会员、使用信用卡支付的金额以及购买的商品类别都是特定于产品的。在可观察性维度上，消费者直接表现为年龄、性别、受教育程度等可测量变量；但还有许多其他变量不可观察，如态度、信念、生活方式和其他心理变量，这些变量只能通过市场研究技术（如调查）来衡量。

选择集群变量的主要目的是识别与这些变量相关的同质消费者群体。一般来说，集群算法——包括传统算法和基于人工智能技术的算法——的主要特点是估计消费者之间的距离。为了估计细分市场，该算法通过最小化近距离消费者的距离，并迭代和收集他们，形成一个集群。同时，该算法最大化形成的集群与其他集群的距离。这样，就可以识别多个集群。这可以在图6—1中看到，其中一些消费者足够接近以形成集群A，而他们显然与集群B分开。

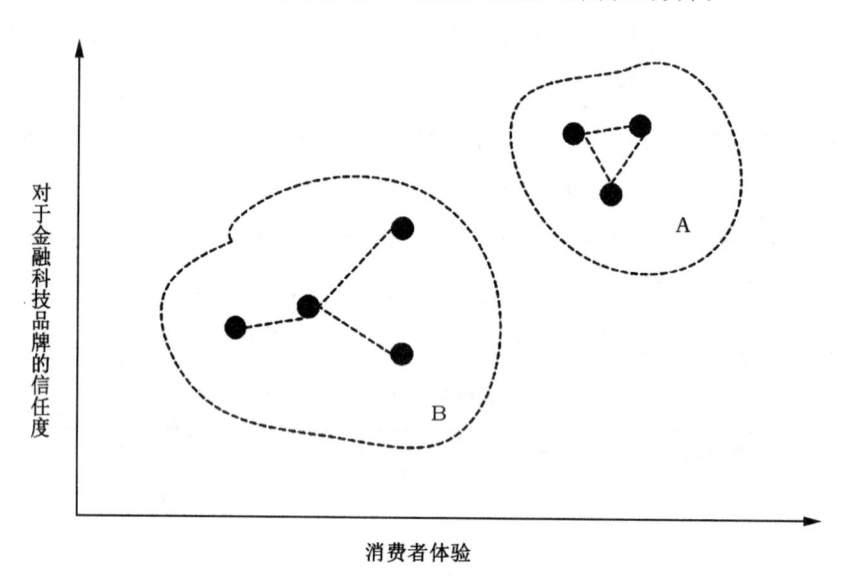

图 6.1 两个集群的举例

之后要考虑的因素是找到合适数量的细分市场。集群的数量不是分析性的估计，而是基于战略考虑的。这是由于所确定的细分市场的特点与成本效益之间的权衡。选择集群数量的一些有用标准是：

—体量。细分市场足够大，因此它们可以保证最低的销售水平与利润。虽然大型金融公司可以识别大量细分市场，但金融科技只能识别1～2个有利可图的细分市场。

—访问。金融科技可以访问该细分市场。作为一个实际上以数字为基础的企业,金融科技只能接触到能够使用互联网和移动电话的人,这对发展中国家来说是一个问题。

—兼容性。细分市场的特征与初创企业的使命、目标和业务能力相一致。

—可操作性。管理者可以制定合适的市场策略来寻找、参与和留存该细分市场。

—稳定性。该细分市场在其内部特征(概况)方面保持一致,因此经理们可以在足够长的时间内保持他们的策略,以实现盈利。

—吸引力。这个细分市场有助于公司实现其战略目标,如市场份额、销售和利润。细分市场足够大,使用频率就会很高,可以培养客户忠诚度。

例如,可以根据金融消费者的不同态度和行为给他们进行细分。如消费者焦虑(消费者在处理金融问题时有多担心)、对金融问题的兴趣(对金融主题的学习倾向)、直觉决策(个人金融决策是否在直觉和彻底深思熟虑之间)、金融预防行为(金融条款的相关性)和自由支出模式(受情绪或促销等因素影响的支出模式),一项针对1 200多名瑞士金融消费者的样本进行的研究确定并描述了金融消费者的五个不同细分领域(Funfgeld & Wang,2009):

—理性消费者(占样本的39.6%)。以强烈参与金融问题为特点,高度谨慎,专注于储蓄,并把金钱视为一种工具。

—近视消费者(样本的20.1%)。安全和控制他们的个人财务,不注重储蓄。

—焦虑的储户(占样本的19.3%)。通过分析性决策表现出对预防性储蓄的强烈需求,但对财务问题高度焦虑。

—直觉追随者(样本的13.6%)。消费者在决策时非常直观,但对财务问题不感兴趣,也不缺乏安全感或特别焦虑。不注重预防性储蓄。

—焦虑的消费者(占样本的7.4%)。没有安全感,但对财务问题不感兴趣。他们既有预防性储蓄的需求,也会自发地消费。

6.4 基于价值的细分

客户盈利能力的概念在商业中已经流行了很长时间。从财务角度来看,利润是财务报表的底线,它们易于理解和解释。虽然利润的概念很简单,但最近的一个研究焦点考虑了不同的指标,以评估客户如何通过市场战略和战术来维持他们的关系,从而对公司变得有价值。其中一个概念是客户生命周期价值(CLV)。CLV 的基本假设是,客户关系可以用客户维持关系的时间来衡量,并体现在收入和成本上。这些未来的收入和成本可以通过使用公式中显示的净现值的标准财务等式来呈现。公式 6.1 假设客户留存率为 100%,公式 6.2 假设留存率低于 100%。

$$\text{CLV}_{r=100\%} = \sum_{k=0}^{n} \frac{m_k}{(1+i)^k} \tag{6.1}$$

$$\text{CLV}_{r<100\%} = m\frac{r}{1+i-r} \tag{6.2}$$

其中 M 指的是财务利润率,通常通过从收入中减去留住客户的成本来估算,d 是贴现率。在前面的公式中,最关键的属性是指留存率 r。这是在不同时期衡量的保持关系的客户数量。例如,当所有客户在期初和期末都保持关系时,公司可以实现 100% 的客户留存率。留存率的倒数是流失率。当消费者维持合同关系(如银行关系)时,该指标是重要的观察指标之一,它也有助于评估客户和数字平台的关系。

例如,金融科技网上银行向年轻消费者提供借记卡,每个新客户的客户获取成本(CAC,线上和线下渠道的营销费用、客户推荐计划、吸引客户的其他相关费用之和)为 100 美元。如果 CAC 增加,新银行将面临从这些客户那里获得更多价值的挑战,以保持客户层面的盈利能力。评估多边平台盈利能力的一个关键指标是客户留存率,即客户在做出流失决策之前在新银行内进行交易的时间。表 6-2 举例说明了一段时间内流失和留存的客户的情况。客户留在公司的时间越长,公司能够获得的价值就越高,所有的一切都保持不变。总之,客户可能会提前流失,或者他们可以选择长期留在金融科技,留存曲线可用于描述这种行为(见图 6-2)。

不同客户可能有不同的余额,因此他们的网上银行的利润率也不同。例如,如果客户的月利润率为 5 美元,年留存率为 28.2%(假设贴现率为 5%),那么 CLV 大约为 78.12。减去 CAC 导致净负 CLV 为-21.87 美元。但是,如果留存率增加到年度留存率的 76%,CLV 的结果是 206.9 美元,减去成本费用后变成 106.9 美元。

$$\mathrm{CLV}_{r<100\%} = m\frac{r}{1+i-r} - \mathrm{CAC} \qquad (6.3)$$

表 6—2　　　　　　　　　不同时间段的留存率示例

月份	每月的月留存率(%)	某月留存的客户数	流失的客户
0	100	1 000	
1	96	960	40
2	95	912	48
3	88	803	109
4	92	738	64
5	93	687	52
6	96	659	27
7	87	574	86
8	90	516	57
9	85	439	77
10	88	386	53
11	89	344	42
12	82	282	62
		客户留存	282
		年留存率	28.20%

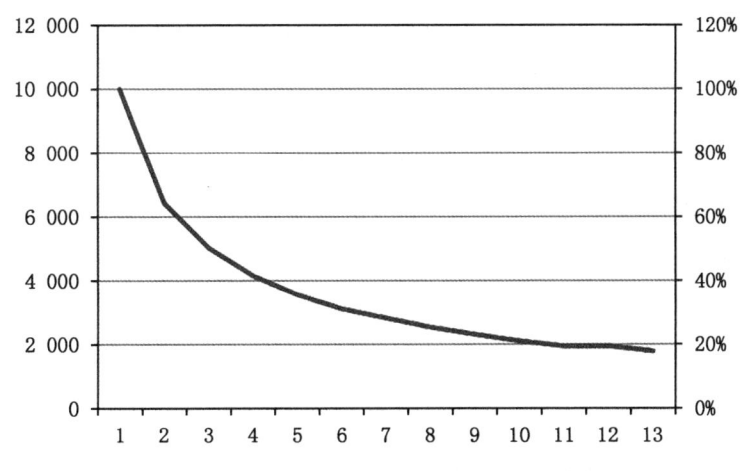

图 6—2　留存曲线显示随着时间推移的损耗情况

6.5 通过客户生命周期价值细分

上述想法可以扩展到根据产品组合和使用模式细分金融用户。在西班牙进行的一项研究对 1 357 名金融消费者进行小组抽样,并跟踪了他们在 12 个月内与一家产品种类繁多的银行的交易情况(Estrella-Ramón et al.,2017)。第一步是根据产品使用情况和边际贡献计算产品盈利能力。之后,利润被作为估计 CLV 的输入信息。测试包括抵押贷款、信贷产品(个人和汽车)、养老基金、投资基金以及信用卡和借记卡等产品的使用情况。该研究进行了细分分析,发现 4 个基于价值的集群适用于对相似的金融客户进行分组,同时识别集群之间的差异。表 6—3 中显示的 4 个部分在个人 CLV 水平上以及在收入和年龄上是不同的。

表 6—3   金融机构的客户生命周期价值细分

简述	低参与度	存款客户	借记卡和信用卡客户	高参与度
样本比例(%)	69.59	12.56	12.01	5.83
CLV 均值(欧元)	1 654.56	−16 604.73	11 004.35	203 527.78

注:参见 Estrella-Ramón et al.(2017)。

在估计了每个细分市场的客户价值之后,具有不同使用水平的金融产品及其边际贡献与每个细分市场相关。例如,细分市场 4 中许多产品的使用水平最高,所有产品也有积极的 CLV 效应。与此形成鲜明对比的是,细分市场 2 呈现出许多产品的负 CLV 效应,而整个 CLV 也是负的。本研究确定了发展基于价值的集群分析的重要性,以提供基于证据的市场策略发展,以优化金融产品的投资组合,确定增加、减少投资组合的机会,并保持与有价值客户的关系。

6.6 金融科技细分市场的战略框架

本节讨论一个管理框架,用于寻找、选择和准备一家金融科技初创企业,并与消费者展开交谈。这使得管理者能够提前做好准备,制定金融行业的市场增长策略。

6.6.1 寻找市场

管理和制定细分市场战略的第一步是根据本章中讨论的各种金融消费者行为来识别细分市场,包括本章前面讨论的人口统计学、心理测量学和其他相关变量。在选择这些变量时,管理者的主要关注点应该与金融科技初创企业的目标在战略上保持一致。例如,可能有一些有吸引力的细分市场人员目前没有银行账户或银行账户不足,需要个人贷款。然而,在给这些贷款的风险定价时,利率可能会很高。保守的初创企业和管理层可能不愿意面对与这些贷款相关的风险。寻找有吸引力的细分市场需要多标准决策,而不是纯粹的分析选择。在寻找有吸引力的细分市场时,需要考虑的第二个战略问题是消费者需求和金融科技产品满足这一需求的方式之间的契合度。例如,一些金融科技保险产品使用智能手机中嵌入的传感器来对驾驶员的风险进行评分(Accenture,2017)。如果司机被检测到在开车时发送信息,他们的风险会更高。但这需要消费者频繁使用智能手机,这一问题可能只在技术的早期采用者中普遍存在,从而缩小了细分市场的规模。

6.6.2 选择细分市场

解决细分市场的第二步是根据细分市场本身、公司的优势和劣势以及竞争对手的反应来评估不同细分市场的特征。在这一步中,管理者们从相对大量的细分市场中进行选择,并在此基础上实施战略。鉴于不同细分市场的特点,金融科技的产品或市场策略不会吸引所有细分市场。因此,管理者们面临着他们愿意、有能力参加哪些细分市场的选择困境。管理者们在选择参加的细分市场时应该提出四个难题:

— 细分市场有吸引力吗?前面关于集群分析的部分介绍了一些关键特征,以评估细分市场是否具有有趣和有吸引力的特征,从而使它们能够被公司关注。例如,集群分析可以确定一个无银行账户的细分市场,就估计的 CLV 而言,这个细分市场很有吸引力,但对于保守的管理层来说风险太大。另一个更冒险的金融科技企业可能倾向于参与这一部分。

— 细分市场的 CLV 是什么?上一节讨论了一个根据客户关系如何随时间演变来评估客户未来价值的框架。经理需要正确评估所有细分市场的客户关系价值,因为尽管有些客户在信任、交易性和参与度等方面表现出令人满意的特征,但其 CLV 值可能非常低,不值得考虑。

—我们有足够的资源吗？参加市场意味着有足够的资源参加特定的细分市场。管理者需要平衡细分市场的 CLV 与产品创新、维护客户关系以及品牌和广告活动之间的资源分配。

—对手会有什么反应？竞争对手往往已经进入了细分市场。在金融科技企业的案例中,这种情况可能更加普遍,因为消费者可能已经与银行建立了长期关系。这就提出了一个问题:如果金融科技企业开始参加一个存在竞争的细分市场,现任者会有什么反应。相比之下,金融科技初创企业自诞生以来,就专注于此前无人问津的领域,降低了直接与大公司打交道的风险。

无论是哪种情况,管理者们都需要在价值主张中确定一个明确的区分因素,这样他们就可以想出与目标细分市场对话的方式。

6.6.3 准备与你的细分市场对话

一旦管理者们选择了有吸引力的细分市场,他们就需要想出营销策略与这个细分市场"对话"。第 2 章把品牌比喻为人,这样,一个品牌就需要和一个细分市场对话,并与之产生共鸣。这意味着要考虑 4 种类型的营销策略:转换策略将旨在从竞争对手那获取客户;吸引战略侧重于让消费者意识到一个有价值的金融科技命题;考虑到消费者可以从竞争对手转向金融科技并被其吸引,留存策略可以利用资源及时维护客户关系;开发策略可以提高客户的交易量、使用率和对品牌的忠诚度。下一章将详细讨论这些策略。

6.7 结 论

本章提供了不同的可观察和不可观察变量如何影响金融消费者组成同质集群的观点。不仅考虑人口统计和心理变量,而且集群分析和基于价值的方法使管理者们能够实施数据驱动策略,以优化金融产品组合并增强客户粘性。通过识别市场上不同的金融科技细分市场,管理者们能够制定一个整体市场战略,以提供金融科技产品,更好地满足客户的需求。总的来说,细分市场带来了提供高价值的金融科技产品和从客户那里获得高价值的好处。

参考文献

Accenture. (2017). *How insurtechs are transforming insurance underwriting—7 examples*. Insurance Blog—Accenture. https://insuranceblog. accenture. com/how - insurtechs-are-transforming-insurance-underwriting-7-examples.

Agarwal,S. ,Driscoll,J. C. ,Gabaix,X. ,& Laibson,D. (2009). The age of reason:Financial decisions over the life cycle and implications for regulation. *Brookings Papers on Economic Activity*,2,51—117.

Calvet,L. E. ,Campbell,J. Y. ,& Sodini,P. (2009). Measuring the financial sophistication of households. *American Economic Review*,99(2),393—398.

Digman,J. M. (1990). Personality structure:Emergence of the five-factor model. *Annual Review of Psychology*,41(1),417—440.

Estelami,H. (2014). An ethnographic study of consumer financial sophistication. *Journal of Consumer Behaviour*,13(5),328—341.

Estrella-Ramón,A. ,Sánchez-Pérez,M. ,Swinnen,G. ,& VanHoof,K. (2017). A model to improve management of banking customers. *Industrial Management & Data Systems*,117(2),250—266.

Fagereng,A. ,Gottlieb,C. ,& Guiso,L. (2017). Asset market participation and portfolio choice over the life-cycle. *The Journal of Finance*,72(2),705—750.

Feng,L. ,& Seasholes,M. S. (2005). Do investor sophistication and trading experience eliminate behavioral biases in financial markets? *Review of Finance*,9(3),305—351.

Fünfgeld,B. ,& Wang,M. (2009). Attitudes and behaviour in everyday finance:Evidence from Switzerland. *International Journal of Bank Marketing*,22(2),108—128.

Grinstein,A. (2008). The effect of market orientation and its components on innovation consequences:A meta-analysis. *Journal of the Academy of Marketing Science*,36(2),166—173.

Kirca,A. H. ,Jayachandran,S. ,& Bearden,W. O. (2005). Market orientation:A meta-analytic review and assessment of its antecedents and impact on performance. *Journal of Marketing*,69(2),24—41.

Knudsen,K. ,& Wærness,K. (2009). Shared or separate? Money management and changing norms of gender equality among Norwegian couples. *Community*,*Work* & *Family*,12(1),39—55.

Kohli,A. K. ,& Jaworski,B. J. (1990). Market orientation:The construct,research propositions,and managerial implications. *Journal of Marketing*,54(2),1—18.

Kulic,N. ,Minello, A. , & Zella, S. (2020). Manage your money, be satisfied? Money management practices and financial satisfaction of couples through the lens of gender. *Journal of Family Issues*,41(9),1420—1446.

Islam,J. U. ,Rahman,Z. ,& Hollebeek, L. D. (2017). Personality factors as predictors of online consumer engagement:An empirical investigation. *Marketing Intelligence & Planning*,35(4),510—528.

Murphy,P. E. ,& Staples,W. A. (1979). A modernized family life cycle. *Journal of Consumer Research*,6(1),12—22.

Narver,J. C. ,& Slater,S. F. (1990). The effect of a market orientation on business profitability. *Journal of Marketing*,54(4),20—35.

Paas,L. J. ,Bijmolt,T. H. , & Vermunt,J. K. (2007). Acquisition patterns of financial products:A longitudinal investigation. *Journal of Economic Psychology*,28(2),229—241.

Phan,T. C. ,Rieger,M. O. ,& Wang,M. (2019). Segmentation of financial clients by attitudes and behavior. *International Journal of Bank Marketing*,37(1),44—68.

Sarstedt,M. ,& Mooi,E. (2011). *A concise guide to market research:The process,data,and methods using IBM SPSS statistics*. Springer-Verlag.

Weber,M. ,& Camerer,C. F. (1998). The disposition effect in securities trading:An experimental analysis. *Journal of Economic Behavior & Organization*,33(2),167—184.

7 差异化与可持续竞争优势

7.1 金融科技公司的属性：有所作为的产品

第 2 章广泛讨论了传统的商业战略模式。这种模型认为，要实现可持续的竞争优势，公司必须能够充分管理其稀缺资源。这些资源可以是有形的，也可以是无形的，不仅指财务事项，还指市场资源，如品牌以及消费者从品牌中发展的意义，以及组织方面的因素，如工作程序，甚至组织文化。除了资源外，组织的动态能力使公司能够适应业务环境的变化，因此需要一个充分的战略流程来抓住组织的优势和劣势，以管理资源并实现其可持续的竞争优势。本章阐述了金融科技产品的独特特性，这些特性有助于实现这种可持续的竞争优势。

金融科技产品至少有 3 个特点，通过适当的动态能力可以成为一种有价值、稀有和不可模仿的资源，帮助它们随着时间的推移获得可持续的优势，这指的是海量数据集的生成，使用人工智能和大数据技术对其进行分析，以及使用多边数字平台。

7.1.1 从金融科技产品生成独特的数据集

金融科技产品的一个与众不同的方面是，当客户使用信用额度或保险进行转账、存款或取款时,与该交易相关的大量数据会保存在计算机存储系统中。交易数据不仅指金额和日期,还包括一组结构化数据(在数据库中具有相同格式的数据,例如数字或预定义代码等)和非结构化数据(图像、文本或视频)。当一家金融科技初创企业从源头向市场推出一款产品时,可能会有数据表明使用模式时的具体细节,例如交易地点、日期或自拍。由于与特定的金融科技产品直接相关,也就是说,没有其他公司能够从不同的产品中生成相同的数据集,因此数据集成为需要妥善管理的资源。由此,数据集成为一种有价值的资源,因为公司是唯一的信息所有者。与公开的二手信息或传统的市场研究不同,由同一金融科技产品生成的数据集罕见且不可模仿。竞争公司有必要使用相同的服务流程,复制相同的金融科技产品,以生成类似的数据集。最后,如果数据集分布在组织内,以便所有利益相关方都能利用这类信息,那么就有可能将数据集用作 VRIO 资源,帮助公司实现可持续的竞争优势。

例如,支付平台是金融科技产品,不仅在金融行业,而且被整个电子商务行业和实体零售商密集使用。随着每次支付的生成,平台生成关于交易的数据,例如客户进行的交易的货币价值、最近时间(即客户在平台上进行交易的最后日期),并且还可以识别客户进行支付的频率。前面三个变量足以为 RFM 模型提供信息,该模型有助于预测客户未来交易的价值和时间。如果金融科技公司无法生成具有这三个变量的数据集,它将无法了解其产品的运行情况以及通过平台进行支付的客户的行为。这个问题会阻止你产生有助于决策的思考,以保持客户的参与。因此,许多公司决定推出自己的支付平台,这与其说是一种竞争手段,不如说是一种开发有价值和独特数据资源的方式。然而,孤立的数据不足以实现可持续的竞争优势,还需要利用这些数据进行分析。

7.1.2 用于预测的密集数据分析

数字平台会产生大量数据。例如,每个用户在社交网络或地理定位工具上平均每两秒钟发送一次位置信号的消息数量。这种生成数据意味着无论是嵌入在智能手机还是其他计算设备中的数字平台,都会生成大量数据,而这些数据大部分时间无法进行传统的分析。这一新功能意味着对于可能有数百万条记录且有时需要实时分析的数据集,需要选择使用适当的分析技术。只有通过分析数据,才有可能提取出为决策提供信息的见解。以分析数据为目的的人工智能技术,特别是机器学习和深度学习,在金融科技行业已经变得更加普遍。虽然讨论分析技术的具体方面超出了本章的范围,但这些工具通常允许三个层次的分析(Lepenioti et al.,2020)。首先,描述性分析是指探索或综合不同变量的过去行为——也就是说,它们有助于了解发生了什么。数据描述面向过去。例如,支付平台可以知道交易是何时进行的,是在什么类型的企业中进行的,以及交易金额是多少。其次,预测数据技术允许基于变量的过去行为来估计变量的未来值,这对于预测是有用的。例如,可以使用平台的不同新近程度和使用频率以及他们过去交易的货币价值,来预测消费者的行为。通过这种方式,可以知道某个特定的客户是否会继续使用该平台,以及她将使用多大的体量。最后,规定性分析允许根据其他因果联系的变量,确定优化特定指标或结果的最佳途径。例如,可以通过分析客户过去交易的不同近期场景、使用频率和货币价值来了解客户的参与程度。这种分析允许构建"假设情景",在这种情景中,分析不同的输入数据,以确定哪种情景导致最佳可能结果。

金融科技公司可以使用这些分析技术来深入了解客户的行为。考虑RFM模型的例子,除了能够根据模型的一些变量(例如使用频率)的标准来划分客户群,还可以根据该模型来估计未来的客户参与度。如果将这些技术应用于细分客户群,就有可能确定使用频率较低、中等或较高的客户,并根据每个细分市场的客户行为设计有针对性的保留活动。因此,只有从数据集获得分析结果,才能获得有价值且难以模仿的资源,从而让金融科技公司获得可持续的竞争优势。

7.1.3 多边数字平台的使用

数字平台重塑了市场的传统概念。市场是产品或服务的供应商和买方相遇并愿意参与交换产品、服务、工作或信息的场所。不仅是供应商或买方,有时中介也代表他们在市场上进行交易。从这个意义上说,数字平台是一个市场,它吸引感兴趣的各方进行交流,并为他们提供明确的参与规则以及关于通信网络、验证程序和交流处理的基础设施(de Reuver et al.,2018)。之后,数字平台可以将不同的细分市场与不同类型的参与者联系起来。参考脸书的商业模式,用户免费使用平台,而广告商则是公司的收入来源。例如,金融科技借贷平台可以将有兴趣投资点对点借款计划的人与需要贷款的人联系起来。尽管数字平台是许多消费者可用的基础设施的一部分,但它们已经成为一种宝贵的资源,通过为金融科技产品专门构建数据集并进行适当的数据分析,可以将授予金融科技公司实现可持续竞争优势的 VRIO 资源返还给该公司。

此外,该平台还将连接第三个能够在平台上推广的公司元素,这代表着金融科技公司的额外收入来源。这个细分市场需要付费才能进入平台,要么是以中介身份,要么是为了推广某种产品或服务。这一细分市场的业务目标可能与平台的业务目标不同,参与度可能非常有限。通过给平台带来资金,这个细分市场有一种趋向,即平台的其他部分由最少数量的用户充分填充。因此,一个为数字平台做广告的品牌,如果这个平台不能吸引到很多品牌愿意接受的用户,便不会有很大的影响力。另一方面,也有可能确定获得补贴的细分市场,即不支付或为使用平台支付边际价格的细分市场。因此,该细分市场从平台不同的收入来源中获得价格补贴。以接受信用卡支付的移动设备为例。在信用卡运营平台中,由于银行或金融科技公司可以向商户收取每笔交易的佣金,因此商户可以被识别为将资金带到平台的一方,而补贴方是指使用信用卡进行支付的消费者,因为他们交易或使用信用卡已经没有佣金了。此外,他们还可以因使用该卡和进行高价值交易而获得奖励。从这个意义上说,补贴方支付的价格可以是边际的、零值的,甚至是负价格的。

7.2 网络效应

拥有一个为平台带来资金的细分市场和另一个获得补贴的细分市场的想法,在价值方面对这两个细分市场都有影响。如果一个给平台带来资金的广告商没有在另一边找到足够多的受众,来证明他的投资是合理的,那么广告商将失去价值。同样,如果众筹平台的用户需要钱,但找不到有兴趣把钱借给对方的人,那么平台就不会增值。这个问题需要考虑网络效应。换句话说,要让平台的一个部分获得价值,就必须在平台的另一边也存在一个部分,并且两者都可以通过平台连接起来。20 多年前手机开始普及的时候,拥有手机的人并不多。少数拥有手机的用户很难抓住价值,因为大多数人没有手机。因此,尽管其中一个人想与第二个用户通信,但对方可能没有手机来接通电话。成功的数字平台是能够推动这种网络效应,让平台各方都获得价值的平台。

如需引爆数字平台上的网络效应,除了要有扎实的价值主张外,还要明确谁是付费细分市场,谁是补贴细分市场。这种识别首先必须考虑填充哪些部分来触发网络效应(McIntyre & Srinivasan,2017)。假设一个众包平台作为市场来发放贷款,如果首先需要贷款的细分市场起初没有少量的人愿意借款,那么就很难有人愿意发放贷款,所以他们在使用这个平台时,会觉得价值很低。如果愿意借款的人群首先得到满足,但需要贷款的人很少,那么后者的价值也会很低。谁应该首先出现在平台上?愿意借款的人群还是需要贷款的人群?虽然这个问题似乎是先有鸡还是先有蛋,但我们的结论是首先要建立起充当需求方的细分市场,也就是需要贷款的细分市场。

与之前的思路一致,通过促销战术吸引新客户,有可能在数字平台上引爆网络效应。第一,可以提供零价格。通过提供零价格,细分市场人群会认为,他们使用不熟悉的平台时没有用自己的钱冒险。人们喜欢得到免费的东西,这一心理因素对使用这种策略触发网络效应有着重要的影响。甚至有可能向众筹平台的两个细分市场都提供零价格,直到交易成功。第二,使用意见领袖向细分市场普及如何使用平台,对于降低风险的认知非常重要。甚至在实际使用平台之前,消费者开始对平台产生信任感。对意见领袖的信任可以决定性地吸引所有细分市场的用户。平台甚至可以发出邀请,带领可以成为锚定客户的用户在平台上进行第一笔交易。第三,平台可以开发支持条件,使得所有细分市场在使用平台时都有帮助。手册或演示视频可用于陪伴平台的新用户。这样就降低了操作平台时出错的风险。

触发的网络效应最重要的目标是吸引平台各个细分领域的客户。吸引客户是基本条件,这样通过有吸引力的价值主张,能尽可能长时间地留住他们。随着新客户的进入,可以将货币金额与平台上的每笔交易相关联。通过这种方式,评论(如或回购)有可能具有相关的货币价值,并转移到平台的某个细分市场。通过将平台上的所有互动货币化,有可能为其所有细分市场创造更大的价值。网络效应也会产生一些不必要的后果,如羊群行为(Jiang et al.,2018)。有可能在一个投资平台中,平台的一边有人有兴趣买股票,另一边有人有兴趣卖股票,如果一个用户分享了一条关于股票未来表现的消息——不管是真是假——平台的其他用户就有可能跟随这条消息做出买入或卖出的决定,这可能会弹射出一个破坏价值的网络效应。此外,除了平台吸引的用户数量,还需要考虑平台方内部存在的网络效应(Xie et al.,2021)。换句话说,用户可能通过与他人而不是与公司本身互动，从平台中获得更多价值。

7.3 可持续竞争优势的来源

本节讨论金融科技公司为获得可持续竞争优势而可能使用的一些市场策略。这些策略参考 Helmer 和 Hastings(2016)的一些观点，它们被认为是最适合金融科技的生态系统。

7.3.1 网络经济

与前面的讨论一致，当一家公司随着客户群的增加而增加对客户的价值时，就有可能获得竞争优势。尽管网络经济在数字平台中很常见，并且在很大程度上取决于平台设法吸引的客户数量，但用户也有可能通过与其他用户的互动来获取价值。因此，有必要知道平台的用户是如何与他人联系在一起的，然后通过吸引更大的客户群来获得价值。互动的数量，以及与这些互动出现的用户数量，也会对创造价值产生重要影响。例如，一家已经拥有客户群的在线商店可以将其系统与支付平台集成，使其平台上发生的交互不仅是为了销售，还包括其他金融操作，如存款、取款以及支付和转账。通过这种方式，可以保留用户，而无须增加客户群，从而提高运营效率。由于网络经济在平台出现之前实际上是不存在的，因此它们是金融科技公司的宝贵资产。

7.3.2 反定位

当一家公司以竞争对手难以模仿的方式创新商业模式时，就是反定位。这种策略允许改变商业模式的不同部分，例如服务于交付渠道的细分市场、与客户的关系以及收入来源等。金融科技公司广泛而密集地利用这一策略进入金融市场，并在其中发展。尽管银行依赖利率差异范式，但一些金融科技公司选择了由低价值费用支持的定价模式。还有一个例子涉及所服务的细分市场。为了贷款，银行瞄准那些信用评分可接受的消费者群体，以设定贷款的风险价格。相比之下，众包企业选择服务于通常被大型银行忽视的领域，比如无信用评分、无法对风险进行充分分析的人群。这种努力的重新定位阻止了金融科技公司在吸引客户群的同时，与大型金融机构展开直接竞争。

7.3.3 品牌

商标是评价产品或服务质量的代表符号。品牌传达价值属性,并试图引发消费者的认知和情感来推广产品。公司通常通过针对其服务的细分市场的密集宣传活动,在消费者心中定位品牌。品牌除了在市场上独一无二,还是最有价值的无形资源。品牌认可度高的公司可能在消费者心目中排在首位,购买意愿会比市场上品牌不知名的公司的产品高很多。金融科技公司属于后一类。由于金融科技公司通常是在市场上争分夺秒地进行竞争,它们的品牌可能会被许多细分市场忽视。以网上银行为例,它提供储蓄账户、银行卡和移动应用程序作为服务交付渠道。作为市场上的新型公司,尽管它有创新的商业模式,但品牌并不被认可。与大型银行相比,这些公司处于劣势,许多金融消费者对大型银行的品牌很熟悉。通过渗透市场,网上银行可以获得品牌认可,并引导消费者对产品产生兴趣和购买意愿。

7.3.4 垄断资源

被垄断的资源是指一家公司可以完全利用,其他竞争对手无法利用的资源。这些资源可以成为金融科技公司的重要价值来源。例如,保护一项发明或自己的设计的专利会阻止竞争对手轻易模仿这项发明。总的来说,知识产权是一种保护商标、方法和其他形式工业产权的垄断资源。例如,一家金融科技公司可以开发一种大数据分析方法,使其能够识别竞争对手无法识别的见解。这种增强的分析将允许公司摆脱产品商品化,并在质量、便利性或信任方面为消费者提供价值差异。向其他公司提供核心银行服务的技术提供商可能会成为金融科技公司的垄断资源,因为与大型金融公司的反应时间相比,金融科技公司开发新产品的时间非常短。

7.3.5 流程基准

服务交付流程实现了更高效的成本结构,并交付了比竞争对手更高性能的产品,这可能是竞争优势的来源。完全数字化的金融科技产品具有这一特点。例如,在网上银行开户需要下载一个移动应用程序,填写一份包含KYC数据的表格,经过审查程序后,即可激活账户和数字卡。由于基于平台,金融科技产品增加了强大的消费者便利组件,提供了设计良好的服务,改变了客户对其易用性、信任度和便利性的看法。简而言之,金融科技公司能够利用一些资源来获得市场竞争优势。基本目标是吸引客户并留住客户,因为这是收入来源,可以帮助他们摆脱金融产品的商品化。

7.4 结 论

本章介绍了金融科技产品区别于传统金融产品的关键特征。鉴于海量数据生成、人工智能分析和使用网络效应的平台的特殊性,有可能更深入地了解金融科技产品。管理者需要确定竞争优势的具体来源,因为他们能够借此在市场中成长。此外,有必要在利益相关方参与决策的情况下有效地协调资源,以确保所使用的竞争优势来源得到确认并具有相关性。尽管分析竞争优势的理论参考框架是管理文献中最古老的框架,但它们对于理解金融科技生态系统的演变至关重要。

参考文献

de Reuver, M., Sørensen, C., & Basole, R. C. (2018). The digital platform: A research agenda. *Journal of Information Technology*, 33(2), 124—135.

Helmer, H., & Hastings, R. (2016). *7 Powers: The foundations of business strategy*. Echo Point Books & Media, LLC.

Jiang, Y., Ho, Y. C., Yan, X., & Tan, Y. (2018). Investor platform choice: Herding, platform attributes, and regulations. *Journal of Management Information Systems*, 35(1), 86—116.

Lepenioti, K., Bousdekis, A., Apostolou, D., & Mentzas, G. (2020). Prescriptive analytics: Literature review and research challenges. *International Journal of Information Management*, 50, 57—70.

McIntyre, D. P., & Srinivasan, A. (2017). Networks, platforms, and strategy: Emerging views and next steps. *Strategic Management Journal*, 38(1), 141—160.

Xie, J., Zhu, W., Wei, L., & Liang, L. (2021). Platform competition with partial multihoming: When both same-side and cross-side network effects exist. *International Journal of Production Economics*, 233, 108016.

8 手段导向作为一种战略方法

8.1 金融科技的管理差异

前几章主要从大型现有金融机构和小型金融科技初创公司的角度讨论了金融科技的不同方面。这些方面是当前金融行业商业环境的显著特征，并总结了金融科技行业动态的三种类型：竞争、协作、合作竞争。这种讨论几乎只针对公司和战略层面，很少讨论管理者在参与这些类型的动态过程中如何表现。但实际上，管理者是在公司或企业层面部署业务战略的人，他们准备业务和营销计划，做出战略决策，并根据未来的盈利能力和业务风险评估这些决策。本节将对开发和部署市场策略的传统观点与考虑其他因素的最新方法进行对比。

8.2 大型公司的因果方法

从一开始，管理领域就被认为是一种微观经济学方面的衍生经济学。这导致了这样一种假设，即公司和管理者与通过决策最大化经济效用的理性行动者范式是一致的。采用这种观点的后果之一是，所有决策都以利润最大化为导向，所有的组织决策都以利润最大化为目标。因此，管理者最重要的工作是通过成本管理或收入优化，来寻找获得更高效用的动因。这种因果关系的方法已经在商业中普遍存在了很长时间，涵盖了从市场选择到参与、技术采用甚至人才招聘的所有决策。这种观点影响了管理者们书写商业计划和做决策的方式。

传统上，公司业务依赖于长期业务计划。这些通常很长的文件以公司的使命和愿景为起点，概述需求预测以及进入或发展市场的后续战略。这些构建模块之后是维持市场计划的运营计划。在商业计划的最后阶段，经常会发掘长期财务指标和风险评估，它们为如何实现利润提供了依据。尽管在业务计划中，其所描述的运营计划涉及的执行活动经常不遵循规划的商业计划阶段，但业务计划仍然被使用，因为它们为公司的市场、财务和运营方面提供了基础。另一个显著的好处是，它们提供了一份可以阐明业务假设，并且还可以了解它们对后续指标影响的文件。之后可以将这些假设作为起点和项目活动及其预期业务成果。

在准备商业计划时，管理者通常以线性方式做出计划决策。他们认为他们已经预见到了所有可能的选择。从这个选择集中，他们评估每个选项的收益和风险，最终确定最佳选项。例如，在为他们的服务器选择新的操作系统时，管理者们会列出市场上所有可行的选项，无论是Windows、Linux还是iOS。他们会描述这些操作系统的每个特性。然后他们会发现，虽然Linux可以是开源软件，但它需要开发内部支持服务，这可能需要大量的培训和时间，而Windows虽然需要购买公司许可证，但是获得支持是容易和及时的。最后，管理者们会选择性价比最高的方案，并将这一决策纳入业务和财务计划的后续操作中。

商业中的因果方法与规避风险的决策有关。根据所选业务计划采取的行动方案，必须考虑实施该计划时可能出现的财务和运营偏差。通过这种方式，在可接受的风险水平下做出诸如选择供应商或使活动得以进行的技术决定。将财务和运营风险保持在较低水平，与管理者需要将传统的增长和投资回报指标保持在股东可接受的水平有关。因此，关于进入市场或引入产品的决策取决于公司可能面临的风险水平。比如一家公司要想进入新的市场，就会仔细评估该市场中消费者的采纳行为，并评估公司能收获的利润潜力。同样，如果一家公司想向市场推出一款新产品，它通常会基于一种增量创新来实现这一目标，这种创新伴随着相对较低的风险水平。

涉及销售、利润和市场份额的商业计划的结果通常是增量的。也就是说，商业计划将之前的时间周期（季度或年）作为制定计划决策的参考点。边际效用是制订商业计划的核心概念。作为面向长期的工具,业务计划代表了时间上的结果,但它们忽略了所有的战术和运营决策。投资回报、销售回报或资产回报等其他指标也是衡量长期业务计划绩效的关键指标。这些指标通常受到与公司的利益相关者(从股东到员工和供应商)的高度重视。在衡量回报时,这些指标试图捕捉公司利用商业机会的效率。

8.3 金融行业中金融科技的现状

虽然商业计划的效用并未被忽视,但这种从公司使命、广泛目标、商业假设及其长期预期结果开始的线性规划过程正变得越来越少使用,这许多因素将一般公司和创业公司区分开来。

全球金融业的特点是由大型银行和其他金融公司组成。这些公司通常会参与长期的战略规划周期,而这些周期只会随着增量变化而改变。公司的规模限制了其利用资源实施进入和渗透战略的组织和市场动态。考虑到长期战略愿景,背景变化是在较低的组织层面上解决的,这些组织甚至可能为了实现其主要战略目标而搁置新出现的机会。相比之下,小型金融科技初创公司的特点是基于临时工作团队的扁平化组织安排。这使得它们在内部管理和市场进入策略上都有更大的灵活性。较小的规模使它们能够更灵活地部署资源,因此便可以进入市场并在市场中发展,甚至不会被大公司察觉。这种组织差异通常会导致使用不同的战略管理工具。

现有银行和金融科技初创公司的财务管理各不相同,这也是异质性的另一个来源。银行遵循严格的财务报告规则,至少受到两个因素的影响。第一个因素是监管机构要求的最低资本金额。由于银行是授权贷款人,这种资本化水平需要最低限度的资金储备,以避免缺乏流动性。第二个因素是充足的现金流,可用作实施战略和开展项目的基础。相比之下,金融科技初创公司的现金流水平较低,较多依赖风险资本的多轮融资。企业家为运营和市场策略提供资金,但这些资金是有限的,可能会很快耗尽。金融科技的企业家对支出非常谨慎,因为他们需要遵守融资指标以及运营和增长指标。

差异的另一个来源是公司如何管理技术。大公司大量使用成熟的技术。它们依靠大型传统系统来管理运营,并部署适合每种金融产品的各种技术。关于拟采用或升级的技术类型的决定是在增量变化的基础上做出的,而增量变化通常是在长期框架内完成的。相反,由于金融科技初创公司只专注于一种可以迭代升级的产品,它们的技术管理依赖于快速变化,并强烈关注客户,而非出于成本效益的考虑。

最后,大型金融公司和小型金融科技公司战略管理的一个根本区别在于创业方式。这与双方所坚持的战略方向有关。正如第3章所讨论的,大型金融公司的创新是通过一系列明确的阶段发生的。创新的方法是增量的和低风险的,因此新产品反映了边际变化。这是大金融公司利用商业机会的基本方法的方式。相反,小型金融科技公司的创新过程通常是开放的,不是线性的,而是迭代的一个过程。新的金融科技产品通常会经历创新和改进的周期,即使它们已经上市。在市场上发现不同版本的产品或全新的数字产品是很常见的。通过频繁的创新周期,客户可以立即察觉到改进。创新的战略管理具有探索性,即初创公司不去开发最终产品,而是不断探索为客户提供价值的产品的不同属性,以及探索产品能够满足需求的新市场。

8.4 金融科技创业的手段导向

鉴于之前关于现有公司和创业公司在管理类型上的对比,本节将讨论创业管理和营销的实施方法的基本原则,如何作为一种不同的思维模式、规则和范式来实施金融科技初创公司的创业战略。从认知的角度来看,人们认识到管理者经常偏离标准微观经济学提出的理性行为者的思维模式。相反,随着管理者们职业生涯的发展,他们会推导决策捷径,也会表现出第5章中讨论的行为偏差。这就需要一个适合在不断发展的金融科技行业中适用的非理性管理者的管理框架,该框架将调动精力和资源,投入对商业机会的探索之中。

手段导向的方法是指导企业家活动和行为的决策框架,其重点是具有灵活性和试验性,可作为创造新产品和服务以及进入新市场的基本支柱。如此,在高度不确定和快速发展的商业环境中,手段导向是一种积极主动的创业适应形式。手段导向逻辑理论假设企业家通过经验发展洞见和行为偏见,并适应环境,而不是依赖预先确定的商业计划。业务目标根据公司的内部和外部环境而变化。鉴于金融科技公司在不断变化的环境中运营,手段导向的思维依赖这些启发式方法,而不是复杂的分析技术,这类公司的决策是基于有限的市场信息进行的,手头的资源很少,利益相关者也很少参与。

手段导向的管理过程是一个持续的、迭代的过程,探索商业机会的阶段从设定目标和管理资源开始。因此,公司规模、业绩敏捷性、市场潜力和机会等业务维度,以及风险和不确定性的衡量,在初创企业中以不同的方式进行处理(Gregoire & Cherchem,2020)。手段导向的管理模式是基于资源导向的。也就是说,要解决的手段导向的管理困境指的是可用资源能够实现的目标,以及如何识别市场上新的或现有的机会。手段导向的观点以不同的方式看待竞争对手,因为竞争对手也可以成为实现自我目标的重要资源。总的来说,手段导向思维是基于下面讨论的四个基本支柱(Chen et al.,2021;Sarasvathy,2009):

对利益相关者的承诺。虽然因果方法认为竞争对手是排他性的,但手段导向思维认为,由于资源的互补性,竞争对手甚至可以参与初创企业的不同方面。例如,如果一家新兴的金融科技公司拥有一种技术,能够催生具有高市场潜力的产品或服务,但这需要资金,那么就有可能通过天使基金的孵化器或业务加速器,甚至通过竞争银行的资金来获取这笔资金。一些早期研究确定了一家公司组成的联盟数量及其对净销售额的积极影响(George et al.,2002),联盟越多,参与者之间的风险就越小,因此他们可以更容易地处理财务损失。确定资源与其他利益相关方的互补性的另一个结果是知识管理。例如,通过与一所大学合作,金融科技初创公司可以获得原本不容易获得的知识。

缺乏控制。在因果方法中,经理被期望对商业结果有很高的控制力,而在手段导向方法中,企业家假设他们对结果的可控性很低。也就是说,偶发事件出现,不会被手段导向企业家视为偏离计划,而是视为机会。通过这种方式,企业家的一个关键潜质是将这些突发事件转化为新资源的能力。这种适应性行为完全脱离了阻碍探索这些偶然机会的僵化商业计划。例如,金融科技监管的变化可能被企业家视为获得特定资源的机会,而非增长的限制。

可承受的损失。大公司的商业计划建立在风险管理的基础上,而创业计划则建立在相反的基础上。企业家是对挫折有很高容忍度的人,他们具有冒险的个人特质。当新产品和服务被设计并投放市场时,这一点尤其重要。由于这些创新缺乏先例,市场预测和竞争互动是不稳定的。因此,设定回报率是一项艰巨的任务。在这一行中,可承受的损失不仅指财政资源,还包括企业家在努力实现业务目标时愿意失去的资源,如时间或与供应商和客户的关系。在考虑可承受的损失时,企业家对可使用和不可使用的资源施加限制,从而在其运营中达到效率阈值。

缺乏可预测性。大公司通常根据需求预测制定业务计划,在稳定的环境下,这种预测可能非常准确。相反,在金融科技这样的转型商业环境中,预测会失去精确性,因此有必要将管理判断纳入决策过程。规划期限通常会从几年缩短到几个月。这涉及管理者与企业家在时间取向上的差异。管理者是面向未来的,而企业家是面向现在的。管理者可能正在计划和实施通常难以改变的中期战略和战术。相比之下,企业家利用手头的资源,通过关注可承受的损失来解决当前的问题。

灵活性。大公司的管理者们把商业计划作为管理他们决策的基本策略。在手段导向的方法中,企业家使计划适应不断变化的环境,这对战略规划有影响。大公司的管理者利用商业机会,而小型金融科技初创公司则同时探索许多商业机会。这一探索过程需要高度的管理适应性,涉及前面讨论的支柱。

为了理解手段导向战略如何影响公司绩效,元分析综合了许多研究,探索手段导向战略的一些前因与公司结果之间的关系(Chen et al., 2021)。当分析手段导向思维和公司绩效之间的联系时,发现了显著的积极的和中等强度的影响。通过分析前面讨论的手段导向战略的维度,研究发现,使用可用资源的取向、发展联盟的重点以及对突发事件的适应性对手段导向思维的形成有着相似的影响。与可承受损失相关的维度影响较小,需要谨慎考虑,因为它可能不是形成手段导向思维的重要因素。当考虑公司运营的环境时,研究发现手段导向战略在新兴市场的影响更大,而在发达国家,手段导向思维的影响较低。关于被分析公司经营的行业类型,研究发现手段导向思维在与高技术相关的行业中产生了积极而强烈的影响,而在与高技术无关的其他行业中,这种影响较低。最后,手段导向思维对寿命更长的公司(即在市场上经营超过6年的公司)的业绩影响要高得多,而在年轻公司中效果较弱(Chen et al., 2021)。

手段导向思维会对许多公司的结果产生影响。一项研究分析了手段导向思维如何导致商业模式重组,以及这如何反过来提高内部创业计划的绩效。被分析的公司样本中,金融服务业达到20%,软件行业达到8%,电信行业达到7%,其他行业大多致力于制造业。结果表明,这两种方法,无论是因果的还是手段导向的,对商业模式的重新设计都有类似的中等程度的积极影响,而这反过来又对用财务和非财务指标衡量的内部创业绩效有积极而强烈的影响。然而,因果方法对商业模式的不同组成部分都有影响。例如,因果方法主要改变价值创造架构和价值主张,而手段导向方法主要影响商业模式的价值创造和金融架构(Futterer et al. ,2018)。

同样,另一项研究分析了手段导向思维对新产品开发速度和质量的影响。在对来自不同行业的 250 家中国公司的分析中发现,高水平的手段导向思维对新产品开发速度有积极影响。然而,关于这些新产品的质量,人们发现使用手段导向思维的强度和质量之间的关系呈倒 U 型。也就是说,在手段导向思维水平较低的情况下,新产品的质量水平上升到某一点后,从该点开始,随着手段导向思维的更高使用,质量水平开始下降。这意味着新产品的推出存在权衡(Wu et al. ,2020)。在前一节中,因果方法与手段导向方法进行了对比讨论。但是,这两种方法可以在不同的环境和业务情况下集成。例如,一项研究比较了两种方法在美国企业家小组中的使用情况,以了解企业家在决策时依赖因果关系或手段导向的程度。该研究分析了产品基于科学发展的企业,以及产品并非基于科学发展的其他企业。考虑了风险承担、创业经验、行业经验、规划方法、更新商业计划时的灵活性以及为启动企业而建立的联盟数量等变量,以及它们在培训的前 5 年对企业绩效的影响。分析结果显示,之前在创业和参与行业的经验对所有企业家都具有相关性。然而,在战略方法的使用上则存在一些差异。一方面,对于不以科学发展为基础的企业家来说,灵活性和冒险精神是企业取得良好业绩的必要因素。另一方面,对于以技术发展为基础的企业家来说,坚持最初的商业计划是主要的,而冒险和联盟的形成是次要的(Villani et al. ,2018)。

通过分析企业家的一些特征,如企业家的激情、个人自我效能感和风险感知,以了解他们对使用因果或手段导向方法的影响。在分析了德国 328 名企业家的行为后,结果显示,倾向于使用因果方法的企业家可能表现出高水平的自我效能或高创业热情,而他们对商业风险的感知是次要的。对于那些使用手段导向方法的企业家来说,不同的配置导致了该方法的使用。第一条可行的路径需要高度的激情和创业自我效能的结合。第二条可行路径需要激情与高水平冒险的结合。最后一条路径需要自我效能和高风险的结合,但不需要高创业热情(Stroe et al. ,2018)。

8.5 创业营销

遵循手段导向战略的思想,这一部分讨论了企业家营销的概念,以构建专注于金融科技等技术的小公司的管理框架,从而发现和利用商业机会。这一概念在金融科技环境中是不可或缺的,因为传统营销框架通常基于不适用于新金融科技产品和服务的假设。例如,传统营销基于一些条件:在生产和提供服务的过程中存在规模经济、有价值资源的可用性、地理上的高市场占有率、忠诚的客户群、营销策略高度专业化的管理团队,以及为决策提供信息的准确市场监控。

问世以来的30多年中,创业营销的概念已经发展到反映中小公司在动荡市场中经营的现实,并了解影响其业绩的因素。通过这种方式,创业营销的概念与创业思维和创新直接相关,并充当连接所有要素的平台。虽然创业营销的概念有很多定义,但大多数集中在创业、创新和利用稀缺资源探索商业机会的理念上。例如,通过这种方式,Whalen和Akaka(2016)认为,创业营销是一种主动、创新和冒险活动的结合,可以为客户、合作伙伴和整个社会创造、沟通和交付价值。为了补充这一愿景,Morrish(2011)认为,创业营销在创造市场和产品时非常重视创业过程,因为探索和利用商业机会的是企业家本人(Toghraee et al.,2017)。

关于创业营销相关的因素,在前面的章节中已经讨论了营销的方向,这主要包括使用资源,以便通过营销组合,公司能够在不同的市场中做出有竞争力的反应。特别是传统营销涉及定价、产品开发和产品线,以及分销渠道管理和沟通活动。一般来说,这种类型的战略导向投入了许多资源,用于开发之前确定的机会。另一个因素是创业导向,这是触发创业营销策略的关键。积极、创新和冒险是这一理念的重要组成部分。创业导向主要与发现商机有关。创业公司是当今识别这些机会或在不同情况下创造这些机会的最有效手段。正如第2章中所讨论的,初创企业的融资,并不要求现金流,而是基于连续几轮的融资,以及利用已确定的机会的合理性。同样,消费者导向涉及一个参考框架,包括品牌资产以及与客户关系和沟通的管理。管理一个品牌通常与市场上的知名公司联系在一起,这些公司的名字成为消费者信心的代表。通过这种方式,消费者产生了使用金融产品的意识和后续意图。以上维度对创业公司的业绩有直接影响。有必要将市场营销、创新、金融和组织发展视为受到上述概念影响的领域。与营销相关的结果包括更高的市场份额、更高的品牌认可度或更高的回购率。至于创新的表现，包括比竞争对手更短的上市时间和对更具创新性产品的关注。财务业绩包括传统的销售和收益指标，以及已确定的商业机会的经济增长潜力。最后，绩效的组织维度指的是对人才的吸引和留住率，以及运营中小公司不同项目的工作团队的内部协调性（Yadav & Bansal, 2020）。

研究证明了上述关系。例如，印度尼西亚的一项研究着眼于企业营销的核心作用，以及它是如何由动荡的商业环境和一系列动态能力在组织上触发的。商业环境的动荡是通过竞争动态和行业参与者之间关系的复杂性来衡量的，而动态能力是通过战略一致性的能力、及时做出决策的能力以及在实施过程中触发战略变化的能力来衡量的。研究中的创业营销的维度包含积极主动、寻找机会、承担风险、善用资源和客户服务。最后，可持续竞争优势的特点是分析有价值的、稀有的、不可模仿的和不可替代的资源，这是一种具有清晰形象的创新管理，可以通过企业的财务绩效确定。创业营销引导企业除了在其产品中建立差异化因素，还通过帮助企业随着时间的推移实现可持续竞争优势来提高其绩效（Khouroh et al., 2020）。

研究集中在一些与创业营销相关的变量上，这些变量直接影响中小型公司的业绩。例如，一项研究在分析中亚195家中小企业的样本时发现，专注于价值创造的活动以及产品创新，对产品创新能力的业绩有很大影响。其他变量，如探索机会的方法和冒险取向，也会影响业绩，尽管影响较弱（Rezvani & Fathollahzadeh, 2020）。同样，在东欧进行的另一项包括217家中小型公司的研究发现，调动公司资源用于新兴商业机会对以市场、财务和组织成果形式衡量的业绩有相当大的影响（Sadiku-Dushi et al., 2019））。最后，为了回答在探索和开发过程中，何时使用创业营销方法更好这个问题，对德国的146家新创企业进行了分析。结果表明，一方面，在高竞争强度条件下，创业营销在创新探索中的效果非常好，而低竞争强度水平不影响探索性创新。另一方面，人们还发现，创业营销的效果取决于企业的规模：对小公司来说，创业营销在利用创新方面的影响很大；对大公司来说，创业营销的效果尽管仍然是积极的，但要弱得多（Bachmann et al., 2021）。

8.6 一个兼容性的框架

从管理的角度来看,需要回答的重要的问题之一是,在什么情况和时刻,因果方法或手段导向方法可以更有效地帮助金融科技企业取得更好的业绩。还应该确定在什么条件下这两种方法可以单独或结合使用。本节介绍了一种框架,它将大型金融公司管理者的因果思维与手段导向思维结合创业营销进行比较,以确定可以使用差异化战略方法来探索和利用商业机会的条件。前面几章已经讨论了如何建立联盟以及可能的竞争和合作形式。因此,有效的思维和创业营销是金融科技初创企业在考虑进入市场、推出新产品或与其他金融科技公司或大型金融公司结盟时要考虑的另一个战略层面。

一方面,小型金融科技初创公司的主要目标是开拓新市场,并据此设计和推出满足新市场中消费者需求的新产品。通过这种方式,企业家发展有效的思维,并以积极主动的方式实施创业营销策略,以寻求机会、承担风险并调动资源为细分市场创造价值。这种寻找机会的方式会对业绩产生非常大的影响。当风险企业开始呈现成熟机构的特征,并开始成长时,战略思维就可以转变为因果方法,因为商业机会已经被证明是有利可图的,探索被机会利用所取代。管理方法开始规避风险,业务机会变成了客户开发机会,其重要性仅次于客户获取。相比之下,一家大型金融公司采用因果商业思维,既探索机会,也利用机会。因此,金融科技和大公司之间可能会出现额外的冲突。金融科技初创公司使用有效的方法,而大型金融公司继续使用因果方法。考虑到小型金融科技初创公司和大型金融公司之间可能的联盟时,企业家和管理者有必要开发一种灵活的思维方式,使他们能够识别价值并利用本章中讨论的每一种方法。图 8-1 总结了前面的几种方法组合。可以在三个关键时刻管理组合:

(1)客户获取。客户获取是所有公司实现业绩增长的第一步,是指在一个细分市场中推广认知的活动,其目标是形成搜索产品信息的后续意图,然后是购买意图。这个时刻的目标是潜在客户第一次采用金融科技产品或服务。因果思维加上创业营销可以对业绩产生非常强的影响,因为获得客户是战略努力的第一步。在这个阶段,高度的创业主动性,同时寻找存在风险的机会来创造价值,会非常有效。相比之下,因果思维可能是次要的,因为它具有风险规避和现金流管理的特点,多用于明显有利可图的机会。在这个阶段可能实施的策略是指以有效的方式吸引最大数量客户的能力。推荐活动有助于实现这一目标。这些活动是促销和价值传播策略,旨在激励潜在消费者使用金融科技产品或服务。通过在数字平台上实施这些活动,有可能引爆网络效应,从而不仅金融科技初创企业或联盟发送的刺激到达细分市场,甚至采用者或潜在客户本身也是分散刺激的人,这种刺激可以采取首次购买或收购的广告和促销优惠券的形式。

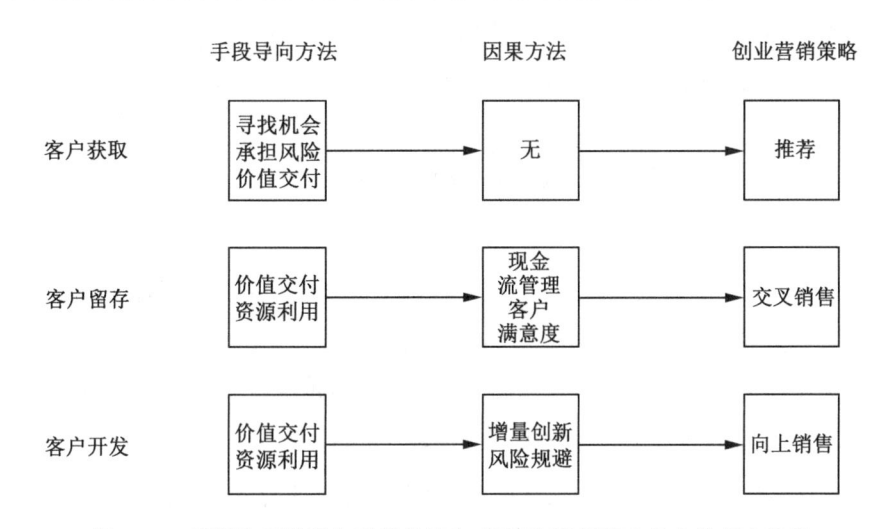

	手段导向方法	因果方法	创业营销策略
客户获取	寻找机会 承担风险 价值交付	无	推荐
客户留存	价值交付 资源利用	现金流管理 客户满意度	交叉销售
客户开发	价值交付 资源利用	增量创新 风险规避	向上销售

图 8—1 因果和手段导向思维的结合,探索和利用商业机会的创业战略

(2)客户留存。一旦获得了客户,就有必要确保金融科技产品或服务的持续使用,因为获取的消费者生命周期的价值取决于此。留存率是衡量基于数字平台的公司业绩的最广泛使用的基准。更高的留存率会带来更高的客户生命周期价值。客户留存是对机会的利用,因此手段导向和因果思维的结合可能足以实现保持客户参与这个目标。从手段导向的角度来看,利用稀缺资源和创新导向为细分市场提供附加值可能与因果思维策略相关联,例如增加风险厌恶感和面向项目的现金流管理。实现客户留存的两种可能的创业营销策略是交叉销售和修改价值主张的灵活性。交叉销售是指向细分市场提供补充产品,以便可以购买或回购至少两种产品。通过这种方式,在使用数字基础设施的过程中实现了规模经济,同时有可能获取不同产品的利润。确保价值主张的灵活性可以采取金融科技产品和服务高度定制化和适应每个客户的形式。个性化是一种根据每个客户的独特特征向他们提供最高价值的方式,而不是提供一种一刀切的产品,这种产品缺乏对个人需求的吸引力。

(3)客户开发。最后一个关键时刻是指开发客户,这是一项涉及从他们身上获取越来越多价值的任务。一个比手段导向思维有更强因果焦点的组合在这个阶段会有帮助。因果思维提供的客户满意度和风险规避优先考虑,而增量创新和手段导向思维提供的持续价值传递则补充了如何在获取更高价值的同时为客户提供更大的价值。实现这一目标的一种策略是向上销售,即向客户推广更高价值的服务。这些服务基于客户的使用模式和预测的需求。结果是,一旦客户参与进来,就可以通过使用更高价值的产品来获取更大的价值。

8.7 结 论

本章讨论了企业通常采用的方法和手段导向方法之间的差异,因为不同的思维模式塑造了初创企业和大公司的不同管理行为。这种对比可能导致可行的联盟发生冲突,管理者需要理解不同的管理路径来协调双方的工作。在讨论的同时,创业营销的概念有助于展示小型金融科技企业是如何运作的。当大公司依赖传统的营销策略时,初创公司将他们的资源定位于探索机会,使它们适合补充大公司的开发重点。通过共同努力,上市时间成为可以帮助金融科技联盟实现可持续的竞争优势的一个重要结果。

参考文献

Bachmann, J. T., Ohlies, I., & Flatten, T. (2021). Effects of entrepreneurial marketing on new ventures' exploitative and exploratory innovation: The moderating role of competitive intensity and firm size. *Industrial Marketing Management*, 92, 87—100.

Chen, J., Liu, L., & Chen, Q. (2021). The effectiveness of effectuation: A meta-analysis on contextual factors. *International Journal of Entrepreneurial Behavior & Research*, 27(3), 777—798.

Futterer, F., Schmidt, J., & Heidenreich, S. (2018). Effectuation or causation as the key to corporate venture success? Investigating effects of entrepreneurial behaviors on business model innovation and venture performance. *Long Range Planning*, 51(1), 64—81.

George, G. , Zahra, S. A. , & Wood, D. R. , Jr. (2002). The effects of business-university alliances on innovative output and financial performance: A study of publicly traded biotechnology companies. *Journal of Business Venturing*, 17(6), 577—609.

Grégoire, D. A. , & Cherchem, N. (2020). A structured literature review and suggestions for future effectuation research. *Small Business Economics*, 54(3), 621—639.

Khouroh, U. , Sudiro, A. , Rahayu, M. , & Indrawati, N. (2020). The mediating effect of entrepreneurial marketing in the relationship between environmental turbulence and dynamic capability with sustainable competitive advantage: An empirical study in Indonesian MSMEs. *Management Science Letters*, 10(3), 709—720.

Morrish, S. C. (2011). Entrepreneurial marketing: A strategy for the twenty-first century? *Journal of Research in Marketing and Entrepreneurship*, 13(2), 110—119.

Rezvani, M. , & Fathollahzadeh, Z. (2020). The impact of entrepreneurial marketing on innovative marketing performance in small- and medium-sized companies. *Journal of Strategic Marketing*, 28(2), 136—148.

Sadiku-Dushi, N. , Dana, L. P. , & Ramadani, V. (2019). Entrepreneurial marketing dimensions and SMEs performance. *Journal of Business Research*, 100, 86—99.

Sarasvathy, S. D. (2009). *Effectuation: Elements of entrepreneurial expertise*. Edward Elgar.

Stroe, S. , Parida, V. , & Wincent, J. (2018). Effectuation or causation: An fsQCA analysis of entrepreneurial passion, risk perception, and self-efficacy. *Journal of Business Research*, 89, 265—272.

Toghraee, M. T. , Rezvani, M. , Mobaraki, M. H. , & Farsi, J. Y. (2017). A systematic review on entrepreneurial marketing: Three decade research on entrepreneurial marketing. *International Journal of Applied Business and Economic Research*, 15(8), 273—296.

Villani, E. , Linder, C. , & Grimaldi, R. (2018). Effectuation and causation in science-based new venture creation: A configurational approach. *Journal of Business Research*, 83, 173—185.

Whalen, P. S. , & Akaka, M. A. (2016). A dynamic market conceptualization for entrepreneurial marketing: The co-creation of opportunities. *Journal of Strategic Marketing*, 24(1), 61—75.

Wu, L. , Liu, H. , & Su, K. (2020). Exploring the dual effect of effectuation on new product development speed and quality. *Journal of Business Research*, 106, 82—93.

Yadav, A., & Bansal, S. (2020). Viewing marketing through entrepreneurial mindset: A systematic review. *International Journal of Emerging Markets*, 16(2), 133—153.

9 衡量风险绩效

9.1 营销指标的重要性

从业务战略必须有数据和分析来支持的思想出发,指标系统成为理解业务现实的工具。指标是一种相关性较强的变量,可以随着时间的推移客观、系统地进行衡量,并反映业务的一些关键方面。金融科技创业者面临的一个基本挑战是证明所发现的商业机会是可以利用的,一套标准的指标系统可以帮助他们实现这一目标。部署指标系统至少在三个方面很重要。首先,它让企业家和管理者能够识别企业的竞争地位。这种定位可以帮助企业在所处的时刻做出及时、恰当的决策。这也有助于所有相关方之间的清晰沟通。其次,指标允许企业家传达企业的价值,尤其是在寻找融资资源时。因为风险投资公司是面向一系列指标,而不是完全依赖创业者的叙述来考虑是否投资的。融资公司管理他们投资的风险投资组合,资本申请人有必要保持一定数量的指标,以便投资者进行基准测试。最后,风险随着时间的推移而成熟,指标系统会进行相应修改,以反映公司在生命周期中的状态。

在不同的指标中,可以区分出两种主要类型。第一种是结果指标,这通常是最广为人知的,也是商业媒体报道的。其中的市场份额、品类或品牌渗透率以及客户群规模又可称为绩效指标，通常在评估业务战略或业务计划时进行衡量。这些指标提供了对绩效的概述，而没有涉及战略实施的细节或运营流程中出现的意外情况。虽然结果指标试图显示所有的业务绩效维度，如财务、市场和组织，但是要设计的指标系统必须简洁。例如，企业家可以通过提供产品在竞争中的渗透率来报告金融科技公司的业绩。第二种指标是流程指标或中间指标。这些指标衡量作为战略不同方面的一部分处理投入的效率，并衡量公司这样做的效率。例如，一家金融科技公司可能有兴趣知道有多少人看了一则线上广告后填写了信用卡申请表。从这个意义上说，流程指标可以归入同一个系列，因为它们衡量营销职能的所有活动。这些指标的重点是短期和中期的，以反映业务运营的战术现实以及敏捷和及时的决策。以这种方式，中间指标具有不同于结果指标的利益相关者。结果指标有外部受众，而流程指标有内部受众。

9.2　战略营销流程

从战略营销流程的概念出发，可以确定与衡量和评估公司绩效相关的四个阶段：首先，有必要参与一个设定目标的流程；其次，继续选择要服务的细分市场；再次，设计品牌和定位策略；最后，评估结果。这些阶段详述如下。

确立商业目标是所有企业家或管理者的基本任务。然而，这是最复杂的问题之一，因为激励通常与目标的实现相一致。通过这种方式，指标系统将业务的整体绩效与所有各方每天进行的活动联系起来。指标系统可以从设定业务的全球目标开始，例如市场份额或品牌渗透率，这是整体战略的表现。以此为起点，管理者们参与制定每个业务流程的指标，它们有助于整体战略的成功。例如，考虑一下网上银行的战略目标，即在未来两年内实现3%的市场渗透率，而有助于实现这一目标的可行策略是在数字渠道上进行推广，以吸引新客户。评估这种策略是否有效的一种方法，是将登上平台的客户数量与参与促销的人数进行比较。通过这种方式，可以了解每个流程对实现业务目标的贡献。

虽然在有历史业绩记录的情况下，上述目标设定流程可能相对简单，但在使用金融科技新产品进入市场时设定目标需要另一种方法。在这种情况下，可以考虑两种形式的目标设定方法。第一种，确定竞争对手的指标及其结果。虽然收集这些数据可能会很复杂，但可以从行业出版物或商业报刊中推断出相关信息。供应商也可能有相似的历史作为基准。第二种,将目标设定想象成一个实验,将预期结果与不受所用策略影响的对照组进行对比。通过这种方式,可以将使用策略的效果与没有使用策略的效果进行对比。例如,通过将潜在客户分为两组来评估金融科技的客户吸引活动的有效率。将促销优惠券分配给一组潜在客户,然后评估这些客户在平台上的注册人数,而第二组没有分配优惠券,然后观察吸引到的新用户数量。通过比较这两个群体的表现,可以估计出通过优惠券吸引到的客户的实际比例。

一旦确定了目标,下一步就是确定最有吸引力的细分市场。在前几章中,详细分析了如何将市场细分为具有共同特征的小部分,并从创业战略的角度对其进行评估的策略。确定最具吸引力的细分市场对结果指标和流程指标都有影响。最吸引人的部分可能不具有更高的成交量。然而,这可能比其他更大的细分市场更有利可图。如果选择了与金融科技产品非常匹配的细分市场,流程指标将得到优化,因为潜在客户成为新客户的比率会更高。一旦确定了最具吸引力的细分市场,就有可能设计出具有吸引更多客户的特定特征的超值产品。价值主张可以包括数字产品、价格、价值沟通和维护与客户的关系等维度。

使用指标标准的目的是衡量和评估公司达到目标的程度,并建立纠正措施。假设单个指标是不够的,例如,市场指标忽略了财务和组织层面,所以可以建立三类结果指标来评估公司的绩效。

市场指标指的是比较公司相对于整个市场的地位,是用公司销售额相对于市场销售额来计算的。虽然这个指标对于评估金融科技公司的竞争地位非常有用,但它至少存在两个可用性问题。首先,要正确界定竞争对手是谁,是金融科技细分市场还是整个金融行业。如果把应该在衡量中考虑的竞争对手排除在外,就有可能演变成营销近视。其次,在许多市场中,获得更大的市场份额并不能直接转化为利润,因此仅仅依靠一个市场指标可能会产生误导。企业家可能也依赖财务指标,而不是只依赖市场指标。

财务指标与公司的利润有关。在前面的章节中,客户终身价值(CLV)用来估计与个人消费者相关的利润或损失的未来价值。第二个广泛使用的指标是利润,即客户群留给公司的金钱。CLV具有前瞻性,但盈利能力着眼于过去发生的事情,以寻找可以互补的措施。然而,基于数字平台的行业将CLV作为衡量财务业绩的基准,并以每个客户的获客成本作为补充。通过这种方式,有可能通过吸引可以长期保留的新客户来实行效率措施。

最后，组织指标指的是公司学习和利用这种知识来解决问题和做出决策的方式。工作环境、部门间或团队间的互动和协调可以触发增长，在衡量绩效时需要考虑。这些指标面向公司的内部利益相关者，大公司不会在财务报表中报告它们。但是，它们提供了对公司内部情况的评估，包括优势和劣势，以应对不断变化的业务形势。

9.3 营销流程的指标系统

本节讨论增长和发展中涉及的每个营销流程的指标系统（Mintz et al., 2020；Nath，2020），这为指导战术、实现战略目标提供了基础。

9.3.1 线上指标

与第5章中讨论的内容一致，客户在采用具有高技术含量的新产品的流程中会经历不同的阶段，包括开发意识、搜索信息、处理信息和做出购买决定。当这个流程被应用到消费者旅程中时，就有可能跟踪消费者在这个阶段所遵循的路径。当客户浏览社交媒体网页并在搜索引擎中搜索时，他们开始通过查看横幅和访问自己感兴趣的网页或产品简介产生意识。当消费者对寻找到的产品或服务不直接感兴趣时，这种搜索称为被动搜索。相比之下，当它是消费者感兴趣的产品时，这种搜索称为主动搜索。在搜索流程中，客户端生成数据集中的页面视图和点击链接。通过访问页面，他花费部分时间寻找与自己感兴趣的产品相关的信息。如果消费者出于这种兴趣产生了可能的购买意向，那么他会将产品添加到网上商店的购物车中，或者填写申请表在平台上注册。这些活动在台式电脑、平板电脑或智能手机等设备上都可以进行。此外，消费者可以在邮件列表上注册，或者下载一个应用程序，通过该应用程序他们可以访问金融科技服务。这些活动可以用漏斗来描述，以衡量潜在消费者在采用金融科技产品的不同阶段的效率，并有可能衡量吸引客户流程的效率。

例如，考虑一个想要获得数字储蓄账户的人所走的路径(括号中显示了衡量互动的指标)。消费者通过浏览不同传统银行和新银行的页面作为旅程开始。每当消费者观看数字广告(展现量和页面浏览量)时，消费者就会对可用的产品产生认知。消费者还可以观看视频(显示时间)和点击建议页面(点击率)来查找更多关于储蓄账户的信息。通过它们,消费者可以获得关于收取的佣金或使账户成为有趣产品的特征的信息。消费者甚至可以访问评论页面,在那里他们可以分享使用储蓄账户后的体验(访问网页)。如果在这个阶段之后,消费者产生了在网上银行开立储蓄账户的意向,一部分消费者会开始填写申请表,另一部分则放弃(放弃率)。如果消费者填写了表格,网上银行将启动身份和信用评分审查程序,以确定消费者申请的可行性。这个旅程总结在图 9—1 中。

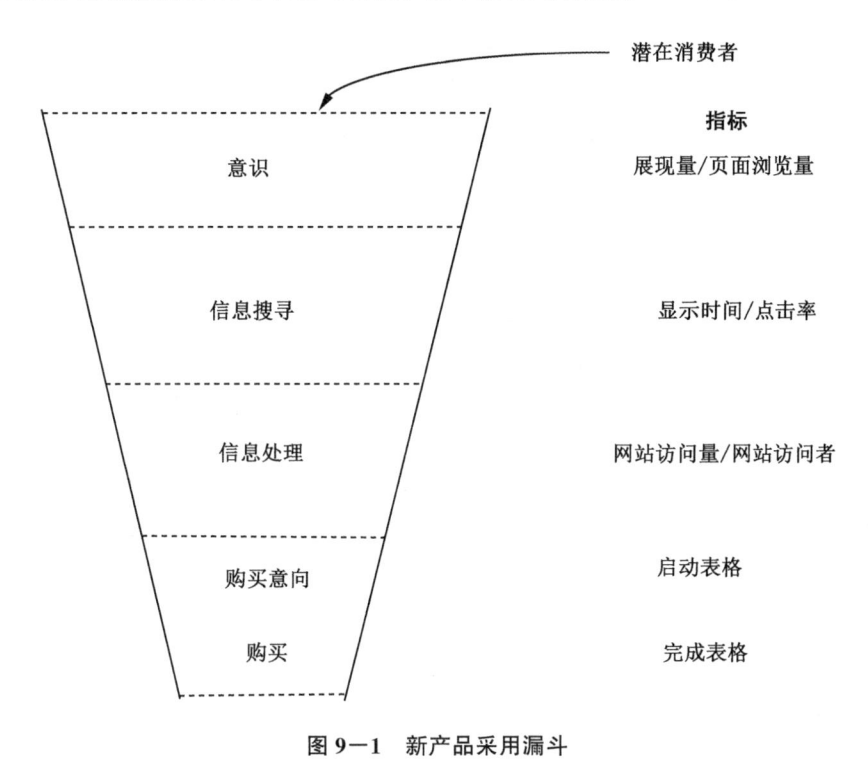

阶段	指标
潜在消费者	
意识	展现量/页面浏览量
信息搜寻	显示时间/点击率
信息处理	网站访问量/网站访问者
购买意向	启动表格
购买	完成表格

图 9—1　新产品采用漏斗

如果消费者应用程序被接受,他们可能会下载一个应用程序(应用程序下载),登录(注册)并使用它来进行金融交易(使用率)。如果出现意外情况,消费者也可以从他们的移动设备上卸载应用程序(卸载速度)。客户吸引策略的效率可以通过漏斗每个阶段的转化率来衡量。例如,可以通过计算已完成的表单数量与已启动的表单数量的关系来衡量进入购买阶段的客户与处于购买意向阶段的客户的比例。类似地,可以估计向某个细分市场展示横幅广告的时间成本,同样也可以计算吸引每个新客户到平台的成本。这些指标为基于最有效的页面、渠道或广告吸引客户的预算决策提供信息。

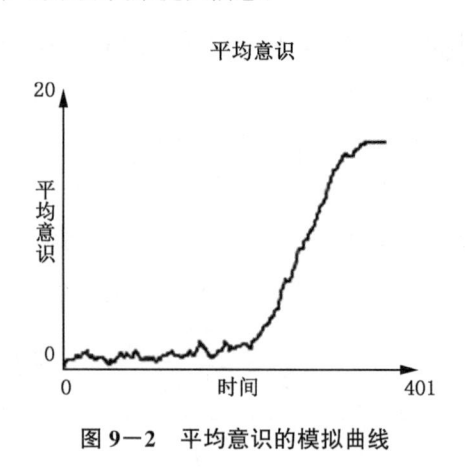

平均意识

图 9－2　平均意识的模拟曲线

9.3.2　线下指标

除数字平台在衡量方面提供的优势外,还需要考虑客户旅程中的线下成分,也就是说,并非所有阶段都发生在数字推广渠道。一些起源于完全数字化的公司也考虑在印刷媒体中使用广告牌和促销作为其与细分市场沟通的额外渠道。之后,可以使用另一组指标来评估包括电视、广播和印刷媒体在内的促销功能。宣传活动的目标是以尽可能低的成本接触到目标细分市场中最大数量的消费者。与线上指标系列类似,广告指标通过消费者在不同时间和地点(曝光、观看机会)观看的广告刺激(展现量)产生认知。为了衡量这些活动的效率,将受众人数与细分市场的总规模(总评分)进行比较。广告刺激要生效,必须重复(频率)最少次数(有效频率)才能触发购买意向。响应曲线可以衡量广告活动的效果。例如,在一个细分市场中,有消费者在他们的社交圈和广告牌上分享信息。其他消费者可以通过进行分享的消费者的信息或观看广告牌来接触广告刺激。这样,消息开始以取决于交换消息数量的速度在整个网段中传播。以这种方式,可以对反映品牌信息在细分市场中传播速度的广告功能进行建模。

图 9－2 是对广告信息在一个细分市场中传播速度的模拟。虽然曲线是线性的,但它在扩散开始和结束时都有非线性分量。换句话说,存在一个点,从这个点开始,信息开始呈指数级增长。此外,还存在一个饱和点,在这个点上,尽管分配了更大的预算,但细分市场已经饱和,不可能产生更高水平的意识。

9.3.3 归因问题

尽管数字平台提供了关于消费者旅程转化率和成本的必要信息,但有时仍无法确定特定消费者开始采用金融科技产品的直接原因。在前面的例子中,如果消费者开始填写表格的流程时,他收到了一个朋友或亲戚关于产品良好性能的推荐,这肯定会影响他对它的看法。数字平台可能面临的挑战是如何衡量线上和线下渠道之间的互动。这种认同缺乏被称为归因问题,并通过线上渠道普遍存在于所有绩效衡量中(Buhalis & Volchek,2021)。虽然可以在同一个渠道中识别消费者线上旅程的开始到顶点,但很难识别消费者旅程的线下开始和线上结束(见图 9-3)。类似地,消费者可以通过线上渠道开始旅程,线下渠道(如物理分支)结束旅程。这可能会导致组织内部的激励一致性问题,因此管理者有必要正确规划所有可能的旅程。通过经济计量模型来确定在不同渠道中完成采用流程的客户数量。

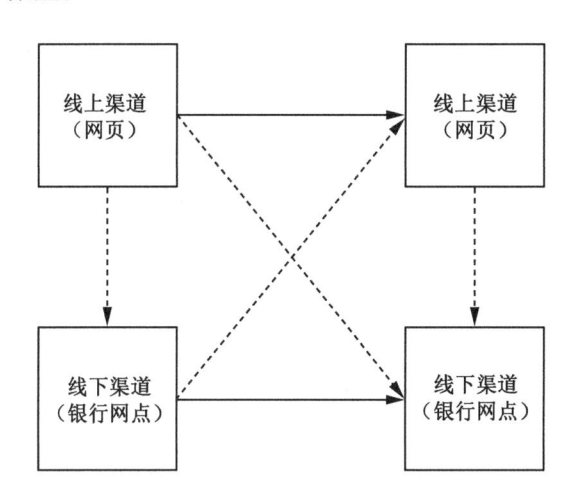

图 9-3 线下渠道和线上渠道的关系

9.3.4 产品、品牌和价格指标

金融科技公司通常在上市时只提供单一产品。在设计和原型测试阶段,有可能以实验版本(试用率)的形式提供产品,目的是通过受控交易获取其性能。一旦它在市场上大规模推出,就有可能确定持续使用的模式(重复率、新近性、交易频率)以及估计市场的布局和渗透水平(渗透指数)。通过识别市场中的使用

和增长模式,可以估计增长率(复合年增长率),从而获得额外的性能指标。当一家金融科技公司决定在市场上推出第二个产品时,有必要衡量这两个产品之间的相互作用。新产品可能会无意中窃取现有产品的销售额(同类相食指数),这可能会对客户的生命周期价值和利润产生影响。此外,产品相关指标也与品牌有关。正如第2章所讨论的,品牌代表了消费者对服务质量的信任。因此,认为金融科技产品的采用可以由品牌而不是产品的属性来驱动是合理的。

通过提供功能、情感和认知优势,品牌指标提供了一种识别潜在购买意图和实际购买的品牌偏好的方法。当与品牌互动时,客户依靠对品牌属性的感知来识别其优势,从而可以研究估计消费者对产品属性的评估,以及对品牌提供的好处(品牌偏好)的评估。品牌管理中的一个重要指标是品牌资产,品牌资产是与品牌相关的一组资产的总和,它为顾客提供价值。品牌资产有两种计算方式。第一种,可以通过消费者评分来衡量,在这种情况下,这是一个主观的衡量标准。然而,这一衡量标准对于了解品牌增量价值和非增量价值的感性方面非常重要。第二种,金融估值程序可以用来估计一个品牌的货币价值,就像其他金融资产一样。这一措施允许在品牌和行业之间建立比较基准,并将其纳入财务报告以及并购运营中。

在给最终产品定价时,有必要考虑到,作为受监管的行业之一,金融科技产品可能会有符合法规的最低价格和最高价格。管理者可以依靠金融科技产品给细分市场带来的价值定价。如果一个品牌有很高的认可度,那么管理者就能够收取更高的价格(溢价)。以上表示产品交付卓越价值水平并因此与较高价格水平相关联的情况。此外,需求的价格弹性是一个有助于了解客户群对产品价格变化的敏感度的指标。金融科技产品更多地依赖佣金和订阅,而不是利率,因此弹性可以更容易地通过计量经济学来估计。

9.4　建立指标系统,跟踪业务目标

虽然之前已经讨论过按系列分组的指标,但是管理者必须能够设计与战略目标相一致的指标体系。正如飞机驾驶员依靠一系列控制面板来做出保持飞机航向的决策一样,管理者必须设计因果指标系统,表明改变一个变量会如何影响另一个变量。这可以通过三大步骤来完成。

（1）确定业务目标。这一阶段包括为金融科技公司所经历的环境选择最合适的结果指标。为处于启动阶段的公司和处于成熟阶段的公司设定的结果目标是不同的。

（2）确定影响结果指标的策略。在这一步中，结果指标与有助于其实现的流程相关。并非所有营销指标都会影响结果指标。这取决于管理者决定的战略一致性，以及组织内各部门或工作团队之间的关系，指标系统也反映了对流程效率的责任。

（3）反映每个流程指标的多维性。一个或多个相互关联的指标可以衡量流程。这种相互作用必须被捕获并反映为对结果变量的影响，以明确识别哪里可能存在瓶颈或问题需要立即关注。

例如，一个众筹平台上一边有剩余资金的人有兴趣贷款，另一边有一系列中小企业需要用替代的融资形式来补充银行贷款。如果公司确立了吸引足够多的客户后允许向中小企业贷款的战略目标，然后可以通过线上和线下媒体的广告和促销策略来实现这一目标。广告功能包括电视广告的覆盖范围、频率和点击率等变量，而线上频道上的广告可以通过观看时间和点击率来衡量。图9—4显示了这三个步骤如何帮助生成一个从右到左构建的指标系统，并将战术的贡献与总体目标联系起来。

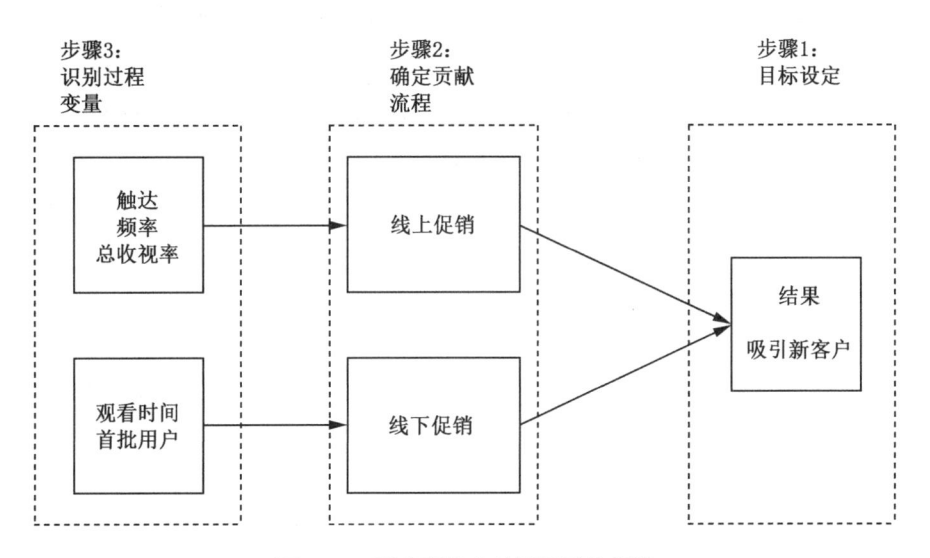

图9—4 顾客吸引力的因果系统指标

9.5 结 论

本章概述了作为面向客户的业务流程的绩效衡量工具的指标系统及其对金融科技公司整体绩效的影响。管理者需要特定技能来设定目标和业务战略,以参与战略管理周期,其中绩效评估是向利益相关者传达价值的关键部分。除了传统的结果指标,还讨论了几类指标以及如何根据金融科技公司的特定目标构建指标系统。与利益相关者的沟通以及公司管理中的责任取决于完善的指标系统,其一致性和客观性由所有相关方共享。

参考文献

Buhalis, D., & Volchek, K. (2021). Bridging marketing theory and big data analytics: The taxonomy of marketing attribution. *International Journal of Information Management*, 56, 102253.

Mintz, O., Gilbride, T. J., Lenk, P., & Currim, I. S. (2020). The right metrics for marketing-mix decisions. *International Journal of Research in Marketing*. https://doi.org/10.1016/j.ijresmar.2020.08.003

Nath, P. (2020). Taking measure: The link between metrics and marketing's exploitative and explorative capabilities. *European Journal of Marketing*, 54(7), 1549—1580.

Wilensky, U. (1999). NetLogo. http://ccl.northwestern.edu/netlogo/. Center for Connected Learning and Computer-Based Modeling, Northwestern University, Evanston, IL.

第三部分

金融科技的广泛影响

10 金融科技的社会影响

10.1 金融业的变化

前几章的讨论描述了金融科技如何改变金融客户和公司之间的传统动态关系。金融科技初创公司专注于更加便捷的基于技术的金融产品,并以客户为中心,改变了跨细分市场提供金融服务的方式。金融科技消费者依靠数字平台完成金融交易,并与网上银行、支付系统、众贷和众包平台发展不同的关系。同样,初创公司依靠创新的金融科技产品,在资源互补的基础上进入现有的和新的细分市场。

几年前,银行经理担心金融科技可能会瓜分他们的部分市场份额,在某些特定情况下,这种情况确实发生了。然而,尽管金融科技在行业层面的市场份额仍然较低,但专注于与金融和非金融参与者的合作竞争战略,使得金融科技的发展方式反映了金融行业的深刻变化。为了避免与大公司的直接竞争,新兴的金融科技开始涉足银行不感兴趣的领域,并从那里延伸到其他领域。

金融科技横向于其他行业。例如,支付系统现在无处不在,并出现在电子商务、零售和其他各种服务中。数字化运营现在依赖于金融科技产品或银行和其他公司开发的创新金融方案。之前的变化都发生在金融行业内部和相邻行业,因此有必要分析金融科技初创公司产生的行业之外的问题,以便准确评估金融科技的社会作用。

金融科技给市场带来的广泛变化之一是它们的协作、商业模式创新和以客户为中心的能力(Mention,2020)。正如第4章中所讨论的,金融科技初创公司和现有公司之间的战略互动已经脱离了传统的竞争思维,包括合作和共同竞争,以及寻找资源互补性的替代方式。不仅金融行业的竞争对手之间的合作出现了,金融行业之外的竞争对手也开始在其他行业寻找独特的资源。金融科技带来的高度协作意识的另一种表现方式是创新者和监管者之间的互动。

金融科技的参与者是各不相同的。为了开发数字金融科技产品,计算机和网络专家与对现实有不同看法的商业人士保持联系。前者可能关注技术能力和运营效率,而后者关注可能反映市场的因素,如可扩展性和最小可行细分市场。此外,监管机构担心系统性风险。因此,利益相关者的视角可以在创新的金融科技产品和新的商业模式的基础上,确定挺进金融市场的总体目标。

金融科技产品的影响不局限于消费者,还可能影响其他经济活动。例如,随着市场众包成为中小企业补充银行贷款的流行方式,除中小企业获得贷款外,还有更广泛的影响,即将这种类型的贷款增加10%,对新创业企业的影响为0.6%(Cumming et al.,2019)。因此,需要评估金融科技产品在经济和社会生活方面的广泛影响。

10.2 金融科技的社会影响

作为一个相对较新的生态系统,金融科技实施的变革超越了整个金融业的界限,在国家和社会中产生了社会和经济外部性。本节讨论其中的一些影响,以表明开发金融科技产品具有超越行业的广泛而持久的影响。

10.2.1 包容性

金融科技的基本基础之一是促进金融包容性。金融普惠是指主要由个人获得负担得起和有用的产品和服务来进行支付、存款和贷款(Dev,2006)。在世界范围内,获得这些金融产品的机会是不平等的,因为标准银行系统仍然依赖线下渠道来提供这些服务。世界上有大量地区没有银行分行或无法快速获得现场金融服务，17亿人在金融机构中没有账户(Demirgüç-Kunt et al.，2018)。增加金融包容性十分重要，有证据表明，拥有银行账户是导致收入、储蓄和汇款增加以及管理金融风险的原因之一(Demirgüç-Kunt et al.，2018)。通信技术的渗透，特别是智能手机在发达国家和发展中国家的渗透，促使广大无银行账户的人口更容易获得有利的金融工具。特别是由于金融科技产品完全数字化，它们被视为金融包容性的主要来源。

移动支付是世界上最受欢迎的金融科技产品，因为全球超过34亿人使用移动支付，转账金额达50亿美元，仅中国就交易了23亿美元(Statista,2020)。因此，产生了一个主要问题，是什么推动了发展中国家采用移动支付系统。在加纳对金融用户进行的一项研究中表明，为了客户继续更广泛地使用移动支付系统，移动支付系统需要包括与其他支付系统相比拥有更高性能的相关功能，并且需要使用的工作量较低。然而，只有当它成为一种习惯时，使用移动支付系统的人才会增加(Senyo & Osabutey,2020)。在印度的另一项研究中，出于对品牌的信任，移动钱包的使用增加了。移动钱包是一种数字应用程序，可以在智能手机上下载，并提供账户、卡片和促销福利。也就是说，金融消费者非常喜欢使用市场上的知名品牌，无论它们是不是金融机构，而对新金融科技品牌的偏好是最低的(Reyes-Mercado et al.，2020)。

10.2.2 发展

在类似的论点中，有新的证据表明金融科技可能与经济发展有关。显示这种联系的研究案例之一是中国。在中国许多县进行了一项研究，以评估金融科技的发展如何导致更高水平的城市发展，不仅仅研究那些已经能够使用互联网和金融科技服务的人。衡量金融科技发展的数据是从现有的数字金融包容性指数中收集的。该指数衡量金融科技产品的覆盖面和使用情况，如支付系统、众包、在线购物和保险，以及这些产品的移动性、可负担性和便利性。研究表明，金融科技与城市发展的联系是积极的。此外，金融科技对城市发展的积极影响不仅表现在已经能够使用互联网和金融科技产品的人身上，而且表现在无法使用互联网和金融科技的人身上。这意味着数字鸿沟正在缩小。促成上述效应的机制之一是，获得互联网和金融科技与制造业和商业工作的高收入相关联，但与农业工作无关。因此，金融科技促使从事农村和农业工作的人走向城市(Zhang et al.,2020)。尽管现有的证据仍然是轶事,但金融科技确实已经开始影响地区和行业的发展。不仅金融业发生了变化,金融科技的部署也在不断改变发展中国家和发达国家的制造业和服务业,以满足完成支付、提交贷款和销售服务的需求。

10.2.3 减贫

金融科技成功的推广案例之一是非洲公司 M-Pesa 2007 年在肯尼亚实施的早期金融科技。该系统依靠标准的移动电话来转账,并通过运营商辅助操作和短信完成支付。通过与大公司沃达丰(Vodafone)的联盟,M-Pesa 能够扩展该系统。最终,研究发现,M-Pesa 系统提高了 2%的家庭的收入水平(Suri & Jack,2016)。还有其他例子可以回答小额融资的数量和规模如何对减贫产生积极影响。利用 48 个发展中国家的跨国宏观数据和 61 个国家的额外数据组,研究发现,小额融资不仅有助于减轻家庭贫困,而且有助于减轻各国的贫困程度。此外,经检验,较高的 GDP 和信贷额在 GDP 中占比更高也有助于减少贫困(Imai et al.,2012)。在加纳的微观层面(使用家庭数据)也发现了类似的影响。根据一项有 2 800 多户家庭参与的调查,通过计量经济学分析显示,让社区参与小额融资活动的干预措施具有减少家庭贫困的实际效果。另一个发现是,与城市借款人相比,农村借款人对贷款金额的变化高度敏感(Annim,2018)。

10.2.4 妇女赋权

与金融科技对城市发展的积极影响类似,也有人认为金融科技可以作为缩小性别差距的工具。全球 Findex 数据库显示,妇女不太可能拥有银行账户,这在发展中国家和农村地区更为普遍。阻碍女性接触金融科技的障碍是女性缺乏适当的身份证明文件、与银行分支机构的距离遥远以及对金融机构的消极态度(Sioson & Kim,2019)。有一些关于金融科技如何增强妇女赋权并帮助她们在金融科技生态系统中正式定位的早期例子。例如,在印度尼西亚,金融科技公司 amartha.com 向无法进入传统银行系统的女企业家提供来自在线投资者的 P2P 小额贷款。这些贷款在 25 或 50 周内分期付款,资金分配给不需要抵押品的借款人群体。根据来自 P2P 平台用户的定性数据,这些用户有固定收入,没有金融贷款记录,需要钱来扩大她们的个人创业,用户报告说,这些贷款增加了就业机会,发展了借款人群体的社区规划能力,并发展了他们技能方面的能力,例如,通过扩大种植木薯和芋头的家庭企业,将加工食品销售和通过贷款管理获得的金融经验纳入其中(Saputra et al.,2019)。

10.2.5 可持续性

将金融科技和可持续性联系起来的最初想法之一是小额信贷的出现,其重点是亚洲农村妇女的商业发展。格莱珉银行(Grammen Bank)的开创性案例是基于商业信托和对贷款的承诺取代了基于大量抵押品的标准银行贷款申请。除此之外,格莱珉银行取消了所有贷款抵押。女性占客户群的95%以上,达到800多万客户。银行的贷款产品年利率为20%,有些产品的利率甚至为零(Grammen Bank,2020)。

金融科技一直被视为推进可持续发展目标的工具,因为它使人们能够以更少的摩擦进行经济交易,由于人们可以轻松地存钱和投资,减少了个人的脆弱性,并降低了人们在整个金融系统中的金融风险。因此,金融科技可以与联合国制定的可持续发展目标联系起来。例如,金融科技可以通过提高女企业家的金融能力对性别平等产生直接影响,可以在创新方面支持中小企业贷款,以推进增加工作机会和经济增长的目标,并可以为发展和维护工业基础设施提供融资(Arner et al.,2020)。

现有银行之前一直通过实体分行进行产品分销。直到最近,它们才开始采用数字产品和使用银行通讯员来覆盖更广泛的地理区域。考虑到金融科技产品的纯数字属性,金融科技在这方面更有能力以更快的速度实现广泛的地理覆盖。电信公司的商业模式为金融科技提供了移动数据的访问权限,从而为没有银行分行的地方提供服务。例如,利用中国各地区点对点平台数量的数据和其他经济数据,有可能建立一个可持续性指数,这导致金融科技和可持续发展之间的U型关系(Deng et al.,2019)。

10.3 未决挑战

虽然金融科技的积极社会影响显而易见,但要使金融科技生态系统持续,仍有一些问题需要解决。这一部分考虑了管理者、企业家和政策制定者在金融科技领域面临的一些挑战。

10.3.1 仅有机会是不够的

由于技术、企业家精神和金融的融合，金融科技行业在世界各地蓬勃发展。然而，在行业强劲发展方面仍然存在一些挑战。

金融科技应用程序可能缺乏人们如何在不同的社会经济和文化背景下使用技术和金钱的认知，例如，一项研究分析了移动货币如何满足巴基斯坦女企业家的金融需求。总体调查结果显示，移动支付应用对受访女性的文化现实不敏感。例如，她们是在共享的基础上使用手机，也就是说，电话可以由丈夫、妻子使用，有时也可以由孩子使用。另一项调查结果显示，妇女经常因为户主不支持的原因存钱，例如嫁妆或支持妻子家庭的经济需求。女性可以使用轮转储蓄与信贷协会（ROSCAs）或金钱卫士（Money Guards）来持有秘密存储的金钱。在家族企业管理方面，女性企业家经常出售服装，并从客户那里获得回款。最后，婚姻是一个家庭中重要的事情之一，嫁妆的金额可能达到一个家庭年收入的4~6倍，但移动货币应用程序并不承认这一点。因此需要存在一种合适的应用程序，可以帮助妇女和家庭省钱，来支付所需的金额（Mustafa et al.，2019）。这个案例可能不是唯一的，因此有必要根据人们生活的社会、经济和文化现实来适应金融科技应用。一刀切的金融科技产品甚至可能适得其反。由于数字工具比银行程序灵活得多，因此有机会开发合适的应用程序来满足世界各地人们的需求。

此外，批评者指出了成功的金融科技案例中的缺陷。例如，在肯尼亚著名的M-Pesa案例中，一项研究提供了使用该系统与减贫影响之间的联系证据，但是该研究可能忽略了两个因素，一是个人和家庭企业的破产；二是其他收入来源，它不同于使用支付和汇款系统。建议使用合适且无误的方法，明确识别金融科技干预措施对贫困的实际影响（Bateman et al.，2019）。

10.3.2 数字鸿沟

金融科技产品主要以线上产品的形式存在，但全球的数字鸿沟仍然很大。尽管智能手机的使用者越来越多，金融服务的普及程度也越来越高，但缩小数字鸿沟仍然是一项挑战。因此需要金融科技来帮助低收入人群弥合数字鸿沟。开放的银行业务可以为银行和金融机构创造一个商业环境，从而为竞争创造条件。

银行和金融科技之间的适当联盟可以通过补充资源来缩小数字鸿沟,特别是金融资源和基于金融科技专有技术的创新产品。随着越来越多的人接入互联网并进入数字金融系统,金融科技可以开发新的方法,通过使用他们的金融服务技术来增强人们的赋权。缩小数字鸿沟不仅对银行很重要,对政府、电信公司和其他可能从更广泛的用户基础中受益的企业也很重要。在美国,研究发现农村社区的金融科技使用率最低,而白人人口比例相对较高的农村社区即使在高度贫困的条件下也享有较高的互联网速度(Friedline et al.,2020)。这可能是国家长期结构性经济状况的征兆,可以通过政府和市场机制或两者的结合来解决。无论如何,缩小金融科技的数字鸿沟需要行为经济学能够支持的政策。例如,金融消费者偏好的提升可以通过金融科技产品较低的费用和便利的方面来激励,这是促进广泛采用创新的第一步。然而,正如第5章中所讨论的,金融消费者会发现一些线索来培养他们对金融科技品牌的信任。由于对金融服务的信任与品牌密切相关,而金融科技有创新的责任,因此缺乏品牌认可度成为弥合金融科技数字鸿沟的障碍。

10.3.3　财务差异

传统银行的核心特征之一是只授权贷款给已经获得评分的客户。银行将其大部分注意力放在风险问题上,因为算法中的评分差距可能导致不可持续的风险管理和高系统性风险。相比之下,许多新成立的金融科技初创公司试图避免与银行展开直接竞争,开始涉足无银行账户和银行账户不足的领域。因此,金融科技生存的关键问题之一是贷款偿还。对于金融科技和其他开发金融机构来说,无银行账户和银行账户不足的细分市场代表着高风险。如果不能解决这一问题,会危及金融科技公司的可持续性和生存,特别是针对中小企业的贷款。对中小企业贷款进行了一项研究,以确定一些显著的客户特征,这些特征影响了中型区域金融机构的贷款偿还。这类贷款最重要的特点是贷款期限。研究发现,相比于短期贷款,中小企业往往更快地支付长期贷款。当中小企业倾向于拖欠贷款时,主要原因有信用评分、家庭收入和先前的破产(Costa & Jakob,2018)。但以上证据并不系统,不同金融科技细分市场的定价风险构成了不同挑战。尽管企业家通常有风险承担者,但当信息稀缺、衡量信息的代理不容易获得时,他们仍需要参考金融风险来评估细分市场的吸引力。因此,从市场风险度量开始,金融科技需要不断评估不同的风险度量方式。

10.3.4 洗钱

反洗钱(AML)是一套程序和工具,以确保公司能够发现、防止或规避洗钱,从而保护整个金融系统。参与监测反洗钱活动的监管机构、银行和金融机构通常发现可疑活动时会相互通报。金融科技初创公司可以与监管机构合作,但这些合作往往不能有效解决与洗钱和其他金融犯罪相关的潜在风险。一些案例描述了在没有正确处理洗钱问题时出现的问题。例如,在欧洲,有些金融科技初创公司参与了与非法获取资金、在缺乏金融监管机构许可的情况下运营以及向不存在的信托基金转移资金有关的可疑金融行为(Faccia et al.,2020)。

为了解决这些问题,区块链科技有潜力帮助金融科技初创公司在其广泛的产品中减少欺诈和洗钱。在这方面,监管科技涉及许多侧重于欺诈预防的程序。在监控客户账户洗钱并监控其交易时,金融科技公司可以更好地分析交易并更快地识别异常,因为它们高度重视人工智能和机器学习技术,这些技术已成为减少洗钱的合适工具(Moon & Kim,2017)。如果银行考虑与金融科技公司结盟,应评估其客户的金融安全以及欺诈和洗钱风险。同样,金融科技必须遵守了解你的客户(KYC)的政策,因为它可以帮助他们及早识别欺诈性交易,并在怀疑出现洗钱时通知相关当局。最后,可以部署一个总体的反洗钱制度化监管框架,其战略重点是防止洗钱,即使金融科技和洗钱之间没有明显的直接联系也可以部署,以便随着金融科技的不断发展识别风险(Ng & Kwok,2017)。

10.3.5 又一次系统性金融危机?

2008年,随着金融科技行业的发展,金融业进入了一个更新的过程。这一新领域的出现带来了新的产品和服务,如集体融资、众包或加密货币。然而,目前对金融科技生态系统对金融系统稳定性的影响知之甚少。监管机构仍对系统性危机感到担忧。因此,有两种情况可能影响金融稳定。如前几章所述,金融科技资源可以是替代资源,也可以是补充资源。如果资源是互补的,这意味着大型银行和小型金融科技公司可以在一个市场中共存,并为一个共同的目标合作。相反,如果金融科技资源被认为是银行资源的替代品,那么这种竞争可能会有不同程度的激烈反应,从而破坏金融稳定。

在来自 84 个国家的银行样本中进行的一项研究分析了金融科技行业的监管沙箱对被抽样金融机构的影响,研究发现,如果忽略市场特征,金融科技生态系统对金融机构的脆弱性没有净影响,而促进金融科技行业可以降低新兴国家金融机构的脆弱性。然而,这种对金融科技产业的推动增加了发达国家金融机构的脆弱性。此外,研究还发现,金融科技行业增加或减少金融机构稳定性的机制指的是利润维度(Fung et al.,2020)。影子银行的出现主要是由于在线金融科技贷款机构的增长。这也引发了人们对金融体系稳定性的担忧。另一项研究分析了监管差异和技术优势这两种机制是如何促成这种增长的。研究发现,贷款人似乎可以提供更高质量的产品,并收取 14~16 个基点的溢价,但他们依赖对信息的差异化使用来分配利率。研究发现,在抵押贷款市场,监管与 60% 的影子银行增长有关,而技术发展对比贡献了约 30%(Buchak et al.,2018)。

10.4　金融科技领域的道德规范

与任何行业一样,金融科技生态系统需要有良好的道德基础,尤其是该行业可能会对整个社会产生经济和社会方面的影响。维护一个由道德基础指导的管理决策系统可以保证这些决策的负面影响相应减少。可以参考的一些例子是欺诈、数据管理和行业为社会提供的一般社会价值等问题。

金融科技的一个主要问题是,新兴创业公司筹集的资金能否得到很好的利用。在行业早期,面临缺乏监管的商业环境,有些欺诈案件损害了这些公司的客户和股东。这意味着该行业的自我监管不足以对公司决策进行适当管理。这也是一个早期迹象,表明需要一个良好的监管框架来指导新金融科技公司的财务决策。基于一些欺诈的例子,不同国家的监管机构开始为新的金融科技行业设计稳健的金融监管方案。第三章已经讨论了其中的一些方案。在伦理方面,主要有两个伦理参考框架可以指导行业的管理决策。其中一个是,考虑每个决策所带来的相对利益或损害。通过这种方式,管理者考虑到了他们的决策的不同影响,从某种意义上来说,他们可以让更多的消费者或利益相关者受益,也可以让可能受到一些伤害的人受益。第二个伦理参考框架是指以绝对的方式考虑管理决策。这意味着,只有在目的本身是好的情况下,才应该做出管理决策,同样,一个不好的选择也应该被抛弃。

最后从伦理角度分析的另一个基本方面是管理交易过程中产生的数据以及公司和客户之间的关系。尤其是考虑到金融行业处理货币和身份数据,处理不当的风险可能是灾难性的。在最近的商业环境中,有来自不同公司的数据泄露的例子,这些泄露数据对公司的声誉有重大影响。从竞争角度来看,数据泄露意味着公司竞争优势的丧失,这不仅会导致声誉损失,还会导致销售和利润损失。然而,不仅数据处理不当会导致风险,甚至对数据做出的某些决定也会出现抛开道德观点的问题,例如忽视使用数据会导致消费者背离的事实。例如,一名经理可以利用金融科技公司提供的数据来开展高度个性化的营销活动,然而,这家公司可能侵犯消费者隐私。因此,在这个决定中必须有一个伦理权重,可以用相对或绝对框架进行分析。

最后一个需要考虑的伦理方面的问题是社会价值的传递。起初,金融科技行业主要面向无银行账户或银行账户不足的细分市场。人们最初认为,向这些客户提供创新金融服务将是他们的价值来源。然而,金融行业的基本面已经成为金融科技公司大多数财务决策得以维持的支柱。例如,在小额信贷的情况下,大多数客户是上述细分市场的一部分,与风险率的关系远高于银行细分市场。也就是说,他们获得的利率达到了高利贷的水平。这样,金融科技生态系统最初的使命就失去了可信度,因为它的最初目标是维持金融行业的正常运营,为原本没有金融服务的客户提供服务。

10.5 结 论

本章已经表明,金融科技行业内部做出的决策可以对商业世界以外的领域产生影响。鉴于当前经济体系的结构,金融业是经济运行的主要部分。然后,金融科技生态系统可以与联合国提出的可持续发展目标联系起来,作为减少贫困、金融排外和全球大部分人口边缘化的一种手段。在这方面,金融科技行业成为经济和社会的推动者。此外,这一章也展示了金融科技行业面临的挑战。数字鸿沟或金融鸿沟、通信技术以及道德决策等方面仍然需要分析,以更好地理解社会影响。最后,对金融系统的系统性风险增加的担忧仍是监管机构、企业家和其他利益相关者的首要考虑问题。

参考文献

Annim, S. K. (2018). Outreach and the poverty-reducing effect of microfinance in Ghana. *Enterprise Development & Microfinance*, 29(2), 145—171.

Arner, D. W., Buckley, R. P., Zetzsche, D. A., & Veidt, R. (2020). Sustainability, fintech and financial inclusion. *European Business Organization Law Review*, 21(1), 7—35.

Bateman, M., Duvendack, M., & Loubere, N. (2019). Is fin-tech the new panacea for poverty alleviation and local development? Contesting Suri and Jack's M-Pesa findings published in Science. *Review of African Political Economy*, 46(161), 480—495.

Buchak, G., Matvos, G., Piskorski, T., & Seru, A. (2018). Fintech, regulatory arbitrage, and the rise of shadow banks. *Journal of Financial Economics*, 130(3), 453—483.

Costa, B. A., & Jakob, K. (2018). Loan prepayment and default analyses of a US regional community development financial institution. *Enterprise Development & Microfinance*, 29(2), 133—144.

Cumming, D., McGowan, D., Farag, H., & Johan, S. A. (2019). The digital credit divide: The effect of marketplace lending on entrepreneurship. In *Academy of Management Proceedings* (Vol. 2019, No. 1, p. 17853). Academy of Management.

Demirgüç-Kunt, A., Klapper, L., Singer, D., Ansar, S., & Hess, J. (2018). *The global findex database 2017: Measuring financial inclusion and the fin-tech revolution*. World Bank.

Deng, X., Huang, Z., & Cheng, X. (2019). FinTech and sustainable development: Evidence from China based on P2P data. *Sustainability*, 11(22), 6434.

Dev, S. M. (2006). Financial inclusion: Issues and challenges. *Economic and Political Weekly*, 41(41), 4310—4313.

Faccia, A., Moçteanu, N. R., Cavaliere, L. P. L., & Mataruna-Dos-Santos, L. J. (2020). Electronic money laundering, the dark side of fintech: An overview of the most recent cases. In *Proceedings of the 2020 12th International Conference on Information Management and Engineering* (pp. 29—34).

Fung, D. W. H., Lee, W. Y., Yeh, J. J. H., & Yuen, F. L. (2020). Friend or foe: The divergent effects of FinTech on financial stability. *Emerging Markets Review*, 45, 100727.

Friedline, T., Naraharisetti, S., & Weaver, A. (2020). Digital redlining: Poor rural communities' access to fintech and implications for financial inclusion. *Journal of Pover-*

ty,24(5—6),517—541.

Grammen Bank. (2020). *Grammen Bank, interest rate*. Grammen Bank—Bank for the poors website. https://www.grameen-info.org/grameen-bankinterest-rate/. Accessed on November 20,2020.

Imai,K. S.,Gaiha,R.,Thapa,G.,& Annim,S. K. (2012). Microfinance and poverty—A macro perspective. *World Development*,40(8),1675—1689.

Mention,A. L. (2020). The age of FinTech:Implications for research,policy and oractice. *The Journal of FinTech*,2050002.

Moon,W.,& Kim,S. D. (2017,July). Fraud detection of FinTech by adaptive fraud detection algorithm. *Proceedings of the International Workshop on Future Technology*,1(1),36—40.

Mustafa,M.,Mazhar,N.,Asghar,A.,Usmani,M. Z.,Razaq,L.,& Anderson,R. (2019). Digital financial needs of micro-entrepreneur women in Pakistan:Is mobile money the answer? In *Proceedings of the 2019 CHI Conference on Human Factors in Computing Systems*(pp. 1—12).

Ng,A. W.,& Kwok,B. K. B. (2017). Emergence of Fintech and cybersecurity in a global financial centre:Strategic approach by a regulator. *Journal of Financial Regulation and Compliance*,25(4),422—434.

Reyes-Mercado,P.,Karthik,M.,& Mishra,R. K. (2020). What's in a brand name? Preferences of mobile wallets in India under a shifting regulation. *International Journal of Business Forecasting and Marketing Intelligence*,6(2),118—134.

Saputra,A. D.,Burnia,I. J.,Shihab,M. R.,Anggraini,R. S. A.,Purnomo,P. H.,& Azzahro,F. (2019). Empowering women through peer to peer lending:Case study of amartha.com. In *2019 International Conference on Information Management and Technology (ICIMTech)*(Vol. 1,pp. 618—622). IEEE.

Senyo,P. K.,& Osabutey,E. L. (2020). Unearthing antecedents to financial inclusion through FinTech innovations. *Technovation*,98,102155.

Sioson,E. P.,& Kim,C. J. (2019). *Closing the gender gap in financial inclusion through Fintech*. Asian Bank Development Institute. https://www.adb.org/sites/default/files/publication/498956/adbi-pb2019-3.pdf. Accessed on November 20,2020.

Statista. (2020). *FinTech—Digital payments worldwide*. Statista Digital Markets—FinTech website. https://www.statista.com/outlook/296/100/digital-payments/

worldwide. Accessed on November 20,2020.

Suri,T. ,& Jack,W. (2016). The long-run poverty and gender impacts of mobile money. *Science*,354(6317),1288—1292.

Zhang,X. ,Tan,Y. ,Hu,Z. ,Wang,C. ,& Wan,G. (2020). The trickle-down effect of fintech development:From the perspective of urbanization. *China & World Economy*, 28(1),23—40.

11 下一步是什么：打造金融科技未来

11.1 回顾与展望

到目前为止，本书的前几章已经从战略的角度阐述了金融科技行业的特点。它首先认为金融科技是由技术发展、企业家精神和创新金融产品的融合所促成的。其中，技术发挥了关键作用，促成了新的价值主张，大部分金融科技拥有数字元素，具有以客户为中心的强大功能，如便利性，这与以流程和监管为导向的传统银行主张形成鲜明对比。此外，最近的技术，如开放银行的应用编程接口和架构范例，允许金融行业传统边界内外存在以前无法预见的连接。资源由企业实现而非由企业管理的创业理念，使新一代金融科技初创企业能够根据当地金融监管框架的变化，以不同的速度出现在金融行业。由于金融法规从不存在到严格规范，企业家也相应地调整他们的创新战略，作为进入的方式，并成为独特标签。重要的是，识别有价值的、稀有的和无与伦比的资源是金融科技初创公司以及现有银行和金融公司可持续竞争优势的来源。新兴的初创公司和成熟的银行可以结成战略联盟，利用资源的互补性，并利用它们进入新的细分市场。

对消费者行为的研究认为，消费者行为是偏离了理性主体的标准新古典范式，这种范式不是封闭的，而是开启了一系列广泛的行为，可以帮助初创企业和现有企业更好地评估为他们服务的方式。更重要的是,不同的消费者群体需要不同的价值主张来解决他们的问题,满足他们的需求和生命周期。这种差异化是初创企业实现资源配置并找到适合其产品的市场的基础。初创公司有许多可用的指标来衡量其生命周期中的战略计划。营销策略使金融科技初创公司能够映射当前的竞争对手,建立成功的联盟,并发展不同的消费者细分市场。企业家调动稀缺资源,并基于一种有效的方法做出决策,而现有组织中的管理者则遵循一种更线性、低风险的方法来做决策。

与其他行业一样,金融科技产生的结果超出了商业领域。通过这种方式,可以确定和评估可持续发展目标以及金融普惠努力和弥合数字和金融鸿沟之间的关联。作为一个新兴行业,金融科技仍在不断发展,远未达到成熟阶段,具有明显的正外部性和负外部性。监管传统上落后于企业的创新业务,监管者难以理解行业的复杂动态。尽管如此,对未来金融危机的担忧促使监管机构推动和出台法律,以降低洗钱和无序融资的风险,更重要的是,降低类似 2008 年的系统性金融危机的风险。金融科技的未来首先取决于生态系统的社会和技术组件之间的互动。在这方面,评估未来趋势的管理工具对管理者来说变得至关重要。

11.2　金融科技行业的趋势识别

除市场预测外,评估导致不同商业未来的市场驱动力的常见工具之一是场景开发。这项技术能够遵循迭代归纳演绎过程来识别未来的机会和威胁。场景开发不依赖预测中使用的有限数量的变量,而是试图将大量参与者之间的交互联系起来。这项技术的主要目标是分析未来如何发展,并概述适当的战略对策,帮助公司创造和保持可持续的竞争优势(Rohrbeck & Schwarz,2013)。此外,场景有助于管理者识别可能成为主流的边缘市场,并描述市场进入策略,以获得可能在多边平台市场中产生差异的先发优势。这在金融—金融科技领域尤为重要,在这一领域,进入壁垒越来越低,新的初创企业和金融科技产品进入市场的风险可能会缩短。

在不断变化的商业环境中预测新进入者的威胁的前瞻性工具之一是场景规划和商业战争游戏的结合,用来评估未来竞争动态(Schwarz et al.,2019)。这一前瞻性工具基于三个步骤来整合对经济、社会、政治和社会文化趋势以及竞争环境的见解。该工具要求管理者思考以下问题：

①未来哪些新的竞争对手可能会进入我的行业？

②我所在行业的边界将如何改变？

③当前和未来的竞争对手可能会采取什么行动来获得竞争优势？

④我的竞争对手正在进行什么样的创新来获得竞争优势？

⑤我们如何在未来市场中获得并保持优势地位？（Schwarz et al.，2019，p.137）。

这些问题的答案可以通过以下三个步骤来确定：感知、发现和探索。首先，在感知阶段，管理者们制定监控策略，以获得对商业环境以及影响当前和未来竞争对手的因素的认识。收集有关行业、地理、潜在市场以及产品和服务的信息，以形成可预测未来场景的驱动因素假设。其次，发现阶段确定的趋势是确定它们如何演变成未来阶段，以及这些阶段如何影响公司。这项前瞻性任务不仅依赖竞争问题，还依赖产品如何变化，以及如何归纳思考这些产品或其他新产品如何进入市场等问题。在这些见解的基础上，管理者们可以通过提问"假设"问题来创建对未来场景的丰富描述，从而以好奇的方式归纳开发未来场景。挑战当前的战略路径可能有助于复杂且具有大量变量的场景。通过改变最初假设的业务轨迹，可以揭示替代的竞争场景。最后，在探索阶段，管理者可以针对不同的场景采取行动，以"如果发生 X 事件"，"那么战略反应就是 Y 的形式，推断性地探索之前的场景。管理者们不是更新对任何给定场景的看法，而是通过探索它们来获得判断未来场景的信心。更重要的是，这些场景可以成为更好地评估行为者未来参与可行战略行动的方式的基础。

11.3 展望金融科技发展的集合框架

之前开发场景的过程主要集中在竞争对手层面，这对金融科技很重要。然而，它缺乏现有公司、新兴初创公司、新老价值主张、不同类型的客户群以及支持金融交易的技术设备之间互动的复杂性。因此，本节将讨论一个管理框架，以开发基于金融科技和传统金融行业作为一个整体的参与者之间的交易和关系交互的场景。

金融科技诞生于互联网。网络提供了前所未有的通过个人获取大量信息的途径。其中最显著的属性不是访问,而是连接。个人参与信息交流的方式受到一系列技术、法规以及公共和私人利益的影响。这些异质的参与者之间的这种相互作用需要用一个合适的框架来反映,该框架既保持了这种异质的观点,同时又为金融科技的未来如何发展提供了远见。因此,本节提出的框架将金融科技视为一个集合。

这集合是一个复杂的系统,其中技术、思想、个人和其他行动者汇集在一起(Deleuze & Guattari,1987)。对于集合,分析的单位是由参与者与整个系统中其他人的关系来定义的,而不是一个明确的有机单位。系统中新参与者的出现可能会重塑甚至破坏部分集合。例如,金融科技产品没有数字平台就无法进入市场,因为数字平台是公司和消费者之间的信息流渠道。集合体的另一个特点是,参与者之间的关系在外部层面起作用,也就是说,参与者可以通过不同的方式聚合、混合和重组,因此,整个系统的性质会根据这种重组而变化。每一次新的重组都会导致一个具有另一组特征的不同集合。因此,集合的显著属性是关系,而不是元素。另一个区别是,集合的本质随着关系的变化而变化。因为集合的性质随着元素重组而改变,分析集合需要理解的不是元素,而是变化的关系(Nail,2017)。

三个主要特征定义了集合。第一,集合体的条件指的是将所有元素粘在一起的外部关系网络。这种安排由具有代理属性的具体元素概述。由于组件中元素的排列不同,每个元素都有机会成为一组未来的可能性,因此,参考关系比考虑单独的参与者更重要。更重要的是,一个集合中的元素缺乏对网络中其他元素的预先反应的代码,也就是说,当新元素进入系统而其他元素离开时,网络就会发生变化。第二,集合有具体的元素。这些元素在系统中以变革的方式相互作用,在元素与元素叠加的基础上构建集合。元素不是形成等级安排,而是相互"适应",因此最终结果可能无法提前正确预见。Deleuze 和 Guattari(1987)认为,要知道系统的最终结果,需要解决集合是做什么的这个问题。当元素之间的关系发生变化时,集合能或不能导致不同的结果,然后一步一步推导出答案。因此,可能的解释只是暂时的。第三,集合有代理。尽管"角色"有代理,但他们并不对集合的结果负责,相反,他们是集合的内在因素。没有人物角色,集合就不能工作,但是人物角色本身并不能使集合运转。也就是说,角色是给系统带来意义的主体。

Deleuze提出，根据要素之间相互作用的类型划分，有四种类型的集合：领土、国家、资本主义和游牧。领土集合的基本原则是，它们试图保留元素的基本含义。国家集合是基于对流动的中央控制。资本主义集合的目的是将要素从其质量中剥离出来，这样它们就可以在系统内无摩擦地交换。虽然集合并不是以纯粹的形式存在的，但游牧集合的特点适合金融科技行业，因为参与者参与解决问题的安排。游牧集合的主要特征是元素重组的发生没有任意的等级或自然机制。相反，它的灵感来自游牧民族如何在没有预定目的地的情况下漫游。因此，分析更多地侧重于轨迹，而不是最终结果，在最终结果中，存在一个从要素参与重组过程的参与方法，实现集合的转换。这种集合的一个显著特征是代理人能够自己构建他们的问题(Deleuze & Guattari, 1987)，因此元素的重组不被其他元素介导或代表。这导致了一个无摩擦的系统。在这一点上，关于集合如何变化的问题成为理解系统中元素重组方式的核心。Deleuze认为，这些变化是通过"再重复"过程发生的。在集合中可能发生3种类型的变化。第一，相对消极过程维持和保存当前的集合。第二，相对积极的过程创造了新的集合，代表了进化的阶段，在这些阶段中，系统的新特征尚未诞生，旧特征仍将消失。这是一个以模糊关系为特征的边缘过程。离群值会给集合带来全新的变化。第三，绝对消极过程削弱集合，绝对积极过程创造集合。要将集合理论作为一种前瞻性工具，首先需要了解金融科技集合是如何工作的，其内部结构是什么。然后，预见可行的变革过程。最后，对金融科技行业的发展方向进行判断。

前面讨论的演绎—归纳过程可以与集合方法相结合，以维持一个丰富而复杂的观点，从而构建金融科技行业的未来。

11.4 组装金融科技未来的集合框架

提出对金融科技未来见解的目的是开发可在未来开发的可行场景。在这一行中的第一步是，包括用现在时态回答关于当前金融科技集合实际上是做什么的这个问题。这个问题的答案需要给集合划界，也就是给被分析的集合的性质设定一些界限。如前所述，一些集合涉及代理之间的摩擦，这可能会改变思想、产品和服务的流动。同样重要的是，管理者需要确定代理之间的现有关系。哪个公司与其他公司有关联？谁在把这个应用编程接口技术和谁联系起来？哪些关系没有被明确映射？代理之间结盟的目的是什么？可以通过这些问题来理解当前的集合。而除了以上这些问题的答案，还可以通过另一个必要条件来理解当前的集合，即识别系统内外的所有相关代理。由于竞争压力可能会随着时间的推移而演变，系统外的代理可能会进入其中，从而改变系统的性质和功能。因此，什么样的关系将集合与其他内部代理联系起来，什么样的关系与外部代理建立起来，这些都可以揭示系统当前的内部和外部动态。这一步可以包括在感知阶段。

展望未来阶段的第二步在于探索涉及提出替代性集合方案的再重复过程。集合的内部动力可以导致以前不存在的联盟形成后加入市场，也可能导致给定的技术淡出。这种变化导致组件的重新排列和集合的新功能。通过参与归纳过程，有可能推进代理的未来特征、相互关系和出现。与前面的讨论一致，提出假设问题有助于确定集合理论提出的四个解域化过程：

—相对消极的解域化。专注于维护和复制当前的集合顺序。什么样的变化会让金融科技保持现在的水平？在给定的时间范围内，什么需要保持永久，以使行业保持不变？为了保持行业不变，哪些局外人士需要出现或消亡？需要调整哪些法规来保持业务照常进行？这些是识别补偿策略的一些问题，而补偿策略将使集合恢复到它的初始点。

—相对积极的解域化。作为一个过渡过程，可以确定代理之间哪些关系易于终止，以及哪些其他关系正在出现。虽然很难从行业竞争对手甚至移动设备的角度来评估这些关系，但它们向上和向下的趋势则比较容易识别。哪些产品正在失去市场份额？哪些其他产品正在进入市场？这些都有助于识别将集合的当前阶段与未来状态联系在一起的边缘场景。

—绝对消极的解域化。作为一个聚焦于弱化当前集合的过程，识别这种弱化趋势背后的力量是很重要的。如果这个行业正在被削弱，是以什么条件发生的？是什么力量在削弱这个系统，为什么？当集合被抵制改变时，它可以分裂成许多更小的代理组，这些代理组可能遵循一个脱轨的过程，从而创建子行业或导致它们消失。

—绝对积极的解域化。这个过程创造了一个新的集合，所以寻找可能改变竞争的颠覆性创新是恰当的。无论是新产品还是竞争对手监管，管理者都需要思考，他们如何才能从根本上改变金融科技行业。由于激进的创新通常出现在系统之外,它还需要监控相邻的行业,在这些行业中,产品、服务和业务流程可以重新调整用途,以彻底改变金融科技行业。

在创建这种类型的金融科技未来时,管理者们需要解决这些金融科技集合各自做什么的问题。在这个阶段,当管理者们进行归纳性的非判断性预见时,未来可能会有很大的不同。

作为第三个阶段,考虑到重新预测可能会导致不同的结果,管理者需要通过提供支持论点的证据来权衡每种情况的可行性。所以管理者需要的不是准确,而是提供证据,证明给定的关系或场景中的变化是如何发展的。证据很重要,因为它概述了一个战略过程,通过这个过程,集合将以特定的方式展开。这些场景永远不是最终的,而是"一个用来思考的工具"。探测场景提供了关于未来金融科技集合将做什么的信息。通过回答这个问题,管理者可以设计出答案。

作为最后一个阶段,管理者需要为每一个未来的集合制定相应的策略。对于四个结果集合中的每一个,管理者们需要关注交互的相关性——竞争对手、市场、消费者和技术——来描述他们对场景的反应方式。策略的范围可以从进入、增长、消费者策略的创新到思考未来的假设方式。通过这种方式,管理者可以依靠四种不同的方法来预测金融科技的未来。图11-1总结了前面的讨论。

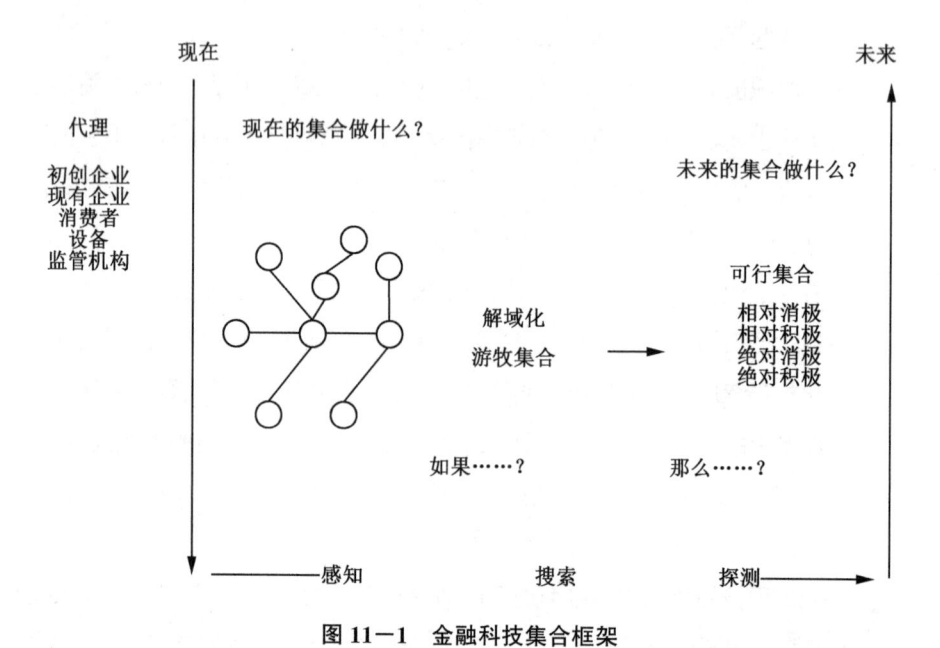

图11-1 金融科技集合框架

考虑一下充当市场贷方的众包平台这个例子。在平台的一边,他们说服消费者愿意以有吸引力的利率进行投资。在平台的另一边,中小企业愿意获得贷款——无论是替代漫长而缓慢的银行贷款流程,还是对其进行补充。所以,众包的未来会是什么样子?

首先,众包代理可以包括个人和机构贷款人、一些众包创业公司、银行、监管机构、数字平台、通信技术设备和中小企业,以及代理的风险和信任认知。众包集合完成了收钱的功能,并分配给正在寻找资金的中小企业。如今,银行通过缓慢且规避风险的流程来完成大部分贷款申请,这些流程依赖于实体文件,并根据信用评分和银行与中小企业之间的以往关系,对大额贷款审批和利率进行分级决策。还有一小部分新兴的金融科技初创公司以更高的利率向中小企业提供贷款,他们从个人和机构投资者那里筹集资金,这些投资者寻求比普通低风险投资更有吸引力的回报率。金融科技贷款人将这笔钱分配给以数字方式申请贷款的中小企业集合。贷款金额主要取决于金融科技从借记账户和通过数字转账渠道筹集的资金。有可能存在四种不同的未来:

(1)维持和保存。维持系统中目前的互动需要银行采取一些适应性措施,因为它们拥有很高的市场支配力。为了确保高市场份额,银行将采取非常激进的策略,旨在取代金融科技的竞争对手并将其赶出市场。这可以通过从竞争和监管角度将金融科技视为威胁来实现。银行可以与其他现任者结盟,阻止金融科技公司。银行还可以与监管机构联系,让他们在忽视竞争激烈的金融科技产品时,意识到传统银行流程的好处。他们还可以锁定客户,这样他们就无法从其他竞争对手那里获得贷款。金融科技一个可行的应对策略可能是在贷款过程中保持高度透明,不仅对监管机构,而且对潜在客户甚至竞争对手也是如此。另一个可行的对策可能是进入目前无人参与的消费者细分市场,这样他们就可以避免与现任者的直接竞争。这样,金融科技可以保持甚至获得更高的市场份额。

(2)通量和变化。这种情况涉及多个层面的变化,其中最关键的是监管和竞争层面的变化。银行可以利用现有技术开发新的贷款产品,而新的众包玩家可以进入这个行业。技术可以在内部和外部进化成相互联系更加紧密的系统。可行的策略是那些面向利用新技术并将其嵌入创新金融科技的产品。

(3)弱化和分裂。在这种情况下,监管框架的变化、竞争问题甚至经济周期的下行都可能削弱该行业的众包生态系统。如果植入非常严格的规定,例如要求公司保持高水平的资本，公司就有可能无法遵守标准。这可能导致一些较小的金融公司消失或被出售。如果竞争压力出现，小众公司可能会面临新玩家的进入，他们可能会失去目前的市场份额。金融科技的一个可行对策是，与其他金融科技甚至金融行业之外的参与者结成联盟，以应对监管和竞争压力。

(4)新的众包。如果技术能够实现完全不同类型的竞争，那么当前众包生态系统的彻底改造可能会发生。如果其中一家老牌公司开始失去市场份额，或者新兴金融科技公司开始增加市场份额，这种情况就可能发生。如果监管机构采取"自由放任"的框架，金融科技就可以有更宽松的条件来接纳更多中小企业。如果现有企业开始失去市场份额，客户可能会开始在市场上寻找替代选择。因此，金融科技一个可行的应对策略就是迅速为其运营提供资金，以便在市场上获得客户。

11.5 结 论

本章介绍了一些框架，以便管理者们可以预测金融科技未来的使用场景。无论这些未来是否会发生，上述框架都有助于提前思考当前的问题，并对可行的场景做出管理判断。预测一个未来不仅是可行的，而且根据集合理论，概述至少有4个未来有助于确定趋势及其对配置和重新配置金融科技行业的影响。解域化成为一种工具，可以预见战略变化及其对特定公司、竞争对手和相关代理的影响，从而形成未来的金融科技场景。提出方案的潜在核心是出现或消失的渐进式的或彻底变化的想法。需要管理层的判断来确定这些变化的性质，并提供适当的战略对策。本章提出的框架缺乏具体的时间跨度，因为根据相互作用的性质，变化可能发生在短期或中期。管理者的任务是对时间问题做出判断。

参考文献

Deleuze, G. , & Guattari, F. (1987). *A thousand plateaus*. Les Éditions de Minuit. ISBN: 978-0816614028.

Nail, T. (2017). What is an Assemblage? *SubStance*, 46(1), 21-37.

Rohrbeck, R. , & Schwarz, J. O. (2013). The value contribution of strategic foresight: Insights from an empirical study of large European companies. *Technological Forecas-*

ting and Social Change,80(8),1593—1606.

Schwarz,J. O. ,Ram,C. ,& Rohrbeck,R. (2019). Combining scenario planning and business wargaming to better anticipate future competitive dynamics. *Futures*,105(1), 133—142.